现代化新征程丛书

隆国强　总主编

HIGH–QUALITY
DEVELOPMENT

Typical Cases II

高质量发展

典型案例（二）

庞清辉　周健奇　等　著

中国发展出版社
CHINA DEVELOPMENT PRESS

图书在版编目（CIP）数据

高质量发展：典型案例.二/庞清辉等著.—北京：中国发展出版社，2024.7

ISBN 978-7-5177-1403-3

Ⅰ.①高… Ⅱ.①庞… Ⅲ.①中国经济 – 经济发展 – 研究 Ⅳ.①F124

中国国家版本馆 CIP 数据核字（2024）第 015333 号

书　　　名：高质量发展：典型案例（二）

著作责任者：庞清辉　周健奇　等

责 任 编 辑：吴　佳　耿瑞蝶

出 版 发 行：中国发展出版社

联 系 地 址：北京经济技术开发区荣华中路 22 号亦城财富中心 1 号楼 8 层（100176）

标 准 书 号：ISBN 978-7-5177-1403-3

经 　销　 者：各地新华书店

印 　刷　 者：北京博海升彩色印刷有限公司

开　　　本：710mm × 1000mm　1/16

印　　　张：13.5

字　　　数：200 千字

版　　　次：2024 年 7 月第 1 版

印　　　次：2024 年 7 月第 1 次印刷

定　　　价：68.00 元

联 系 电 话：（010）68990625　68360970

购 书 热 线：（010）68990682　68990686

网 络 订 购：http://zgfzcbs.tmall.com

网 购 电 话：（010）88333349　68990639

本 社 网 址：http://www.develpress.com

电 子 邮 件：15210957065@163.com

联合编制单位

国研智库

中国社会科学院工业经济研究所

中共浙江省委政策研究室

工业和信息化部电子第五研究所（服务型制造研究院）

清华大学技术创新研究中心

清华大学人工智能国际治理研究院

上海交通大学健康长三角研究院

上海交通大学健康传播发展中心

浙江省发展规划研究院

苏州大学北京研究院

江苏省产业技术研究院

中国大唐集团有限公司

广东省交通集团有限公司

行云集团

上海昌进生物科技有限公司

广东利通科技投资有限公司

《高质量发展：典型案例（二）》
编委会

总　序

党的二十大报告提出，从现在起，中国共产党的中心任务就是团结带领全国各族人民全面建成社会主义现代化强国、实现第二个百年奋斗目标，以中国式现代化全面推进中华民族伟大复兴。当前，世界之变、时代之变、历史之变正以前所未有的方式展开，充满新机遇和新挑战，全球发展的不确定性不稳定性更加突出，全方位的国际竞争更加激烈。面对百年未有之大变局，我们坚持把发展作为党执政兴国的第一要务，把高质量发展作为全面建设社会主义现代化国家的首要任务，完整、准确、全面贯彻新发展理念，坚持社会主义市场经济改革方向，坚持高水平对外开放，加快构建以国内大循环为主体、国内国际双循环相互促进的新发展格局，不断以中国的新发展为世界提供新机遇。

习近平总书记指出，今天，我们比历史上任何时期都更接近、更有信心和能力实现中华民族伟大复兴的目标。中华民族已完成全面建成小康社会的千年夙愿，开创了中国式现代化新道路，为实现中华民族伟大复兴提供了坚实的物质基础。现代化新征程就是要实现国家富强、民族振兴、人民幸福的宏伟目标。在党的二十大号召下，全国人民坚定信心、同心同德，埋头苦干、奋勇前进，为全面建设社会主义现代化国家、全面推进中华民族伟大复兴而团结奋斗。

走好现代化新征程，要站在新的历史方位，推进实现中华民族伟大复兴。党的十八大以来，中国特色社会主义进入新时代，这是我国发展新的历史方位。从宏观层面来看，走好现代化新征程，需要站在新的历史方位，客观认识、准确把握当前党和人民事业所处的发展阶段，不断推动经济高质量发展。从中观层面来看，走好现代化新征程，需要站在新的历史方位，适应我国参与国际竞合比较优势的变化，通过深化供给侧结构性改革，对内解决好发展不平衡不充分问题，对外化解外部环境新矛盾新挑战，实现对全球要素资源的强大吸引力、在激烈国际竞争中的强大竞争力、在全球资源配置中的强大推动力，在科技高水平自立自强基础上塑造形成参与国际竞合新优势。从微观层面来看，走好现代化新征程，需要站在新的历史方位，坚持系统观念和辩证思维，坚持两点论和重点论相统一，以"把握主动权、下好先手棋"的思路，充分依托我国超大规模市场优势，培育和挖掘内需市场，推动产业结构优化和转型升级，提升产业链供应链韧性，增强国家的生存力、竞争力、发展力、持续力，确保中华民族伟大复兴进程不迟滞、不中断。

走好现代化新征程，要把各国现代化的经验和我国国情相结合。实现现代化是世界各国人民的共同追求。随着经济社会的发展，人们越来越清醒全面地认识到，现代化虽起源于西方，但各国的现代化道路不尽相同，世界上没有放之四海而皆准的现代化模式。因此，走好现代化新征程，要把各国现代化的共同特征和我国具体国情相结合。我们要坚持胸怀天下，拓展世界眼光，深刻洞察人类发展进步潮流，以海纳百川的宽阔胸襟借鉴吸收人类一切优秀文明成果。坚持从中国实际出发，不断推进和拓展中国式现代化。党的二十大报告系统阐述了中国式现代化的五大特征，即中国式现代化是人口规模巨大的现代化、是全体人民共同富裕的现代化、是物质文明和精神文明相协调的现代化、是人与自然和谐共生的现代化、是走和平发展道路的现代化。中国式现代化的五大特征，反映出我们的现代化新征程，是基于大国经济，按照中国特色社会主义制度的本质要求，实现长期全面、绿色可持续、和平共赢的现代化。此外，党的二十大报告提出了中国式现代化的本质要求，即坚持中国共产党领导，坚持中国特色社会主义，实现高质量发展，发展全过程人民民主，丰富人民精神世界，实现全体人民共同富裕，促进人与自然和谐共生，推动构建人类命运共同体，创造人类文明新形态。这既是我们走好现代化新征程的实践要求，也为我们指明了走好现代化新征程的领导力量、实践路径和目标责任，为我们准确把握中国式现代化核心要义，推动各方面工作沿着复兴目标迈进提供了根本遵循。

走好现代化新征程，要完整、准确、全面贯彻新发展理念，着力推动高质量发展，加快构建新发展格局。高质量发展是全面建设社会主义现代化国家的首要任务。推动高质量发展必须完整、准确、全面贯彻新发展理念，让创新成为第一动力、协调成为内生特点、绿色成为普遍形态、开放成为必由之路、共享成为根本目的，努力实现高质量发展。同时，还必须建立和完善促进高质量发展的一整套体制机制，才能保障发展方式的根本性转变。如果不能及时建立一整套衡量高质量发展的指标体系和政绩考核体系，就难以引导干部按照新发展理念来推进工作。如果不能在创新、知识产权保护、行业准入等方面建立战略性新兴产业需要的体制机制，新兴产业、未来产业等高质量发展的新动能也难以顺利形成。

走好现代化新征程，必须全面深化改革、扩大高水平对外开放。改革开放为我国经济社会发展注入了强劲动力，是决定当代中国命运的关键一招。改革开放以来，我国经济社会发展水平不断提升，人民群众的生活质量不断改善，经济发展深度融入全球化体系，创造了举世瞩目的伟大成就。随着党的二十大开启了中国式现代化新征程，需要不断深化重点领域改革，为现代化建设提供体制保障。2023 年中央经济工作会议强调，必须坚持依靠改革开放增强发展内生动力，统筹推进深层次改革和高水平开放，不断解放和发展生产力、激发和增强社会活力。第一，要不断完善落实"两个毫不动摇"的体制机制，充分激发各类经营主体的内生动力和创新活力。公有制为主体、多种所有制经济共同发展是我国现代化建设的重要优势。推动高质量发展，需要深化改革，充分释放各类经营主体的创新活力。应对国际环境的复杂性、严峻性、不确定性，克服"卡脖子"问题，维护产业链供应链安全稳定，同样需要为各类经营主体的发展提供更加完善的市场环境和体制环境。第二，要加快全国统一大市场建设，提高资源配置效率。超大规模的国内市场，可以有效分摊企业研发、制造、服务的成本，形成规模经济，这是我国推动高质量发展的一个重要优势。第三，扩大高水平对外开放，形成开放与改革相互促进的新格局。对外开放本质上也是改革，以开放促改革、促发展，是我国发展不断取得新成就的重要法宝。对外开放是利用全球资源全球市场和在全球配置资源，是高质量发展的内在要求。

知之愈明，则行之愈笃。走在现代化新征程上，我们出版"现代化新征程丛书"，是为了让社会各界更好地把握当下发展机遇、面向未来，以奋斗姿态、实干业绩助力中国式现代化开创新篇章。具体来说，主要有三个方面的考虑。

一是学习贯彻落实好党的二十大精神，为推进中国式现代化凝聚共识。党的二十大报告阐述了开辟马克思主义中国化时代化新境界、中国式现代化的中国特色和本质要求等重大问题，擘画了全面建成社会主义现代化强国的宏伟蓝图和实践路径，就未来五年党和国家事业发展制定了大政方针、作出了全面部署，是中国共产党团结带领全国各族人民夺取新时代中国特色社会主义新胜利的政治宣言和行动纲领。此套丛书，以习近平新时代中国特色社会主义思想为指导，认真对标对表党的二十大报告，从报告原文中找指导、从会议精神中找动力，用行动践行学习宣传贯彻党的二十大精神。

二是交流高质量发展的成功实践，释放创新动能，引领新质生产力发展，为推进中国式现代化汇聚众智。来自 20 多家智库和机构的专家参与本套丛书的编写。丛书第二辑将以新质生产力为主线，立足中国式现代化的时代特征和发展要求，直面各个地区、各个部门面对的新情况、新问题，总结借鉴国际国内现代化建设的成功经验，为各类决策者提供咨询建议。丛书内容注重实用性、可操作性，努力打造成为地方政府和企业管理层看得懂、学得会、用得了的使用指南。

三是探索未来发展新领域新赛道，加快形成新质生产力，增强发展新动能。新时代新征程，面对百年未有之大变局，我们要深入理解和把握新质生产力的丰富内涵、基本特点、形成逻辑和深刻影响，把创新贯穿于现代化建设各方面全过程，不断开辟发展新领域新赛道，特别是以颠覆性技术和前沿技术催生的新产业、新模式、新动能，把握新一轮科技革命机遇、建设现代化产业体系，全面塑造发展新优势，为我国经济高质量发展提供持久动能。

"现代化新征程丛书"主要面向党政领导干部、企事业单位管理层、专业研究人员等读者群体，致力于为读者丰富知识素养、拓宽眼界格局，提升其决策能力、研究能力和实践能力。丛书编制过程中，重点坚持以下三个原则：一是坚持政治性，把坚持正确的政治方向摆在首位，坚持以党的二十大精神为行动指南，确保相关政策文件、编选编排、相关概念的准确性；二是坚持前沿性，丛书选题充分体现鲜明的时代特征，面向未来发展重点领域，内容充分展现现代化新征程的新机遇、新要求、新举措；三是坚持实用性，丛书编制注重理论与实践的结合，特别是用新的理论要求指导新的实践，内容突出针对性、示范性和可操作性。在上述理念与原则的指导下，"现代化新征程丛书"第一辑收获了良好的成效，入选中宣部"2023年主题出版重点出版物选题"，相关内容得到了政府、企业决策者和研究人员的极大关注，充分发挥了丛书服务决策咨询、破解现实难题、支撑高质量发展的智库作用。

"现代化新征程丛书"第二辑按照开放、创新、产业、模式"四位一体"架构进行设计，包含十多种图书。其中，"开放"主题有"'地瓜经济'提能升级""跨境电商"等；"创新"主题有"科技创新推动产业创新""前沿人工智能"等；"产业"主题有"建设现代化产业体系""储能经济""合成生物""绿动未来""建设海洋强国""产业融合""健康产业"等；"模式"主题有"未来制造"等。此外，丛书编委会根据前期调研，撰写了"高质量发展典型案例（二）"。

相知无远近，万里尚为邻。丛书第一辑的出版，已经为我们加强智库与智库、智库与传播界之间协作，促进智库研究机构与智库传播机构的高水平联动提供了很好的实践，也取得社会效益与经济效益的双丰收，为我们构建智库型出版产业体系和生态系统，实现"智库引领、出版引路、路径引导"迈出了坚实的一步。积力之所举，则无不胜也；众智之所为，则无不成也。我们希望再次与大家携手共进，通过丛书第二辑的出版，促进新质生产力发展、有效推动高质量发展，为全面建成社会主义现代化强国、实现第二个百年奋斗目标作出积极贡献！

隆国强

国务院发展研究中心副主任、党组成员

2024 年 3 月

序 言

　　庞清辉教授和国研智库于 2023 年做了 8 个高质量发展典型案例的研究，出版了《高质量发展：典型案例（一）》，今年又选取了 8 个案例继续深入研究，探讨推动高质量发展的实践经验和具体路径，结集出版《高质量发展：典型案例（二）》。这本书中回顾总结了 2023 年党中央推动高质量发展取得的一些丰硕成果，客观分析了制约高质量发展的因素。通过调研案例及其启示，阐明加快发展新质生产力、推动高质量发展的现实意义、方法路径和重要举措，这种学习和工作方法值得提倡。

　　当今世界百年未有之大变局加速演进，我国发展进入战略机遇和风险挑战并存、不确定难预料因素增多的时期。从国际看，世界之变、时代之变、历史之变正以前所未有的方式展开，外部环境复杂严峻，世界进入新的动荡变革期，世界经济增长动能不足，科技创新成为国际战略博弈的主战场，全球经济和创新版图正在重构，新一轮科技革命和产业变革带来新的机遇和挑战。从国内看，推动高质量发展成为全党全社会的共识和自觉行动，成为经济社会发展的主旋律，取得扎实成效。同时，有效需求不足、部分行业产能过剩、风险隐患仍然较多，制约高质量发展的因素还大量存在，仍面临不少躲不开、绕不过的深层次矛盾和亟待完善的体制机制问题，给我国推动经济质的有效提升和量的合理增长带来新的挑战。

党的二十大报告中就有着力推动高质量发展的论述和战略部署。在 2023 年 12 月召开的中央经济工作会议上，习近平总书记以"五个必须"深刻总结新时代做好经济工作的规律性认识。其中，"必须把坚持高质量发展作为新时代的硬道理"居于首位[①]。从"发展是硬道理"，到"必须把坚持高质量发展作为新时代的硬道理"，一脉相承，与时俱进。2024 年 1 月，中共中央政治局就扎实推进高质量发展进行第十一次集体学习，习近平总书记在主持学习时强调，发展新质生产力是推动高质量发展的内在要求和重要着力点，必须继续做好创新这篇大文章，推动新质生产力加快发展[②]。这些论述体现了党和国家对生产力发展规律和我国发展面临的突出问题的深刻把握，是对我国经济建设规律的深刻总结，为我们在强国建设、民族复兴的新征程上推动高质量发展提供了科学指引，我们必须深入学习、深刻领会，并用于指导实践。

发展是人类社会永恒的主题，也是解决我国一切问题的基础和关键，是党执政兴国的第一要务。进入新时代，我国经济发展进入了新阶段，以习近平同志为核心的党中央推动我国经济迈上更高质量、更有效率、更加公平、更可持续、更为安全的发展之路。今日中国，科技日新月异，创新层出不穷，为发展新质生产力、推动高质量发展注入澎湃动力。

新时代的发展必须是高质量发展，对党和国家未来工作提出了更高要求。

一是要加快以科技创新引领产业创新。加快创新能力建设，强化企业科技创新主体地位。加快改造提升传统产业，推动制造业高端化、

① 《中央经济工作会议在北京举行》，《人民日报》2023 年 12 月 13 日。
② 《加快发展新质生产力　扎实推进高质量发展》，《人民日报》2024 年 2 月 2 日。

智能化、绿色化发展。加快培育壮大新兴产业，促进数字技术和实体经济深度融合、先进制造业和现代服务业融合，实施"数据要素 X"三年行动计划，打造生物制造、商业航天、新材料、低空经济等新增长引擎。加快布局未来产业，开辟量子技术、生命科学等新赛道，开展"人工智能 +"行动。

二是要加快推进体制机制创新。充分激发各类经济主体的内生动力和创新活力。加快全国统一大市场建设，提高资源配置效率。进一步优化营商环境，健全与企业常态化沟通交流机制。加强财政政策和货币政策协调配合，健全现代预算制度，深化金融体制改革。进一步促进绿色低碳转型，做强绿色制造业，发展绿色服务业，壮大绿色能源产业，构建绿色低碳循环经济体系。

三是扩大高水平对外开放。稳步扩大制度型开放，深入推进跨境服务贸易和投资高水平开放，更大力度引进外资，继续支持重大外资项目建设，扩大数字产品等市场准入，大力推动数据开发开放和流通使用。加强国际科技合作，支持外资科技企业与国内科研机构或企业共同开展科技攻关。加强人员交流合作，进一步提高中外人员往来便利性。

今年是中华人民共和国成立75周年，是实现"十四五"规划纲要目标任务的关键一年。任何工作都是一分部署，九分落实。中央经济工作会议强调，要不折不扣抓落实，雷厉风行抓落实，求真务实抓落实，敢作善为抓落实，充分体现了中央对抓好落实的高度重视。要在实干中更好地去创造方法、谋划思路，扎实推动高质量发展。

首先，要把思想和行动统一到党中央决策部署上来，深入学习贯彻习近平经济思想，完整、准确、全面贯彻新发展理念，把加快建设现代化经济体系、推进高水平科技自立自强、加快构建新发展格局、统筹推进深层次改革和高水平开放、统筹高质量发展和高水平安全等战略任务落实到位。

其次，坚持精准施策，抓住"牛鼻子"、把握"关键处"。推动高质量发展，要在症结处做文章、出实招。瞄准关键核心技术，实施重大科技创新工程和项目。聚焦数据要素市场部分领域"空白"，加快构建数据基础制度体系，为数字经济发展夯实根基，集中优势资源和力量，以重点突破带动整体提升。

最后，保持战略定力，接续发力、久久为功。改革不停顿，开放不止步。促"双碳"，持之以恒；稳就业，一如既往；惠民生，常抓不懈。目标指向一以贯之，重大部署接续递进，宏伟蓝图一步步变成美好现实。中国人的韧性、耐心和定力，是中华民族精神的一部分，保持韧性、耐心和定力，不被一时的经济波动所困扰，面对纷繁复杂的外部困难挑战，集中精力办好自己的事情，把发展的主动权牢牢掌握在自己手中。

总体来看，经济发展有其规律性，前进中有曲折，曲折中有前进，保持平常心，多一份从容，多一点定力，深刻把握经济高质量增长的要义。今天，我们面临的风险和挑战比以往更加错综复杂，要把困难风险估计得更充分一些，把举措部署得更周密一些。

在此书付梓之际，应题写了以上文字，作为序。希望庞清辉教授和国研智库继续深入调查有价值的高质量发展典型案例，持续深入研究中国式现代化的高质量发展之路，争取产生更高质量的智库成果。

魏礼群

国务院研究室原主任，原国家行政学院党委书记、常务副院长

2024 年 6 月

前　言

世界百年未有之大变局正全方位、深层次加速演进，内外部环境的复杂性、严峻性、不确定性进一步凸显，我国发展面临新的战略机遇、新的战略任务、新的战略阶段、新的战略要求、新的战略环境，世界之变、时代之变、历史之变正以前所未有的方式展开。

当下，高质量发展的理论不断深化，高质量发展的创新实践也正在蓬勃涌现。这些高质量发展的实践成功地转化为现实的生产力，为我国经济社会发展提供了强有力的支撑。

2023年12月召开的中央经济工作会议强调，必须把坚持高质量发展作为新时代的硬道理，完整、准确、全面贯彻新发展理念，推动经济实现质的有效提升和量的合理增长。2024年1月，在中央政治局第十一次集体学习时，习近平总书记强调，发展新质生产力是推动高质量发展的内在要求和重要着力点，必须继续做好创新这篇大文章，推动新质生产力加快发展①。新时代路上新征程，这些蕴含全局性、前瞻性和战略性的重大判断，为党和国家事业不断开创发展新局面指明了前行的方向。

推动高质量发展事关我国社会主义现代化建设全局，新时代的发展必须是高质量发展。为解决我国社会主要矛盾、提升国家竞争力、

---

① 《加快发展新质生产力　扎实推进高质量发展》，《人民日报》2024年2月2日。

满足人民日益增长的美好生活需要、实现可持续发展等目标，必须切实解决好发展质量问题，必须把高质量发展摆在更为突出、更加重要的位置。

高质量发展既需要政府超前规划引导、科学政策支持，也需要市场机制调节，地方政府、企业等微观主体不断创新，是政府"有形之手"和市场"无形之手"共同培育和驱动形成的。为此，中国发展出版社和苏州大学北京研究院策划组织出版"现代化新征程丛书"《高质量发展：典型案例》系列，深度调研地方政府和企业，总结新经验、探索新规律，深入剖析了高质量发展的内涵、路径和成效。

2023年2月发布的《高质量发展：典型案例（一）》选取了8个高质量发展典型案例，兼顾了各个地区、各种性质的不同主体，取得了良好的社会影响力。《高质量发展：典型案例（二）》继续选取、挖掘大胆探索、敢为人先的高质量发展实践案例，总结与展示新时代高质量发展的新进展与新突破，为解决高质量发展中的新矛盾与新问题提供更多具有特色的方案。这些案例不仅是对近年来我国在高质量发展道路上探索与实践的总结，更是对未来持续推动高质量发展的启示与指引。

这次选取的8个案例包括：江苏昆山、上海松江、江苏省产业技术研究院、黑龙江佳木斯、广西柳州、中国大唐、中国信科、广东省交通集团。去年选取的案例突出了不同的领域，这次兼顾了不同的区域。

作为中国经济发展最活跃、开放程度最高、创新能力最强的区域之一，我们在长三角地区选择的案例有江苏昆山、上海松江、江苏省产业技术研究院。长三角地区在科技创新、产业创新、绿色转型发展等方面遥遥领先，高质量发展走在前列。江苏昆山是21世纪近20年中国百强县市持续领先发展的排头兵，也是新时代以高质量发展领航中国式现代化的县域示范，为加快发展新质生产力提供了生动示范和有益启示。上海松江依托长三角G60科创走廊，已从传统的农业县、房地产占"半壁江山"的近郊区，跃升为有力服务支撑国家区域重大战略的创新策源地，为推动高质量发展提供了鲜活样本。江苏省产业技术研究院作为江苏科技体制改革"试验田"，正交出一份科技体制机制改革引爆技术创新持续突破的出色答卷，成为中国科技自立自强的开路先锋。

在东北地区，选取了黑龙江佳木斯充分利用口腔医疗产业发展历史悠久的特点，打造"中国牙城"的案例；在西部地区，选取了广西柳州利用螺蛳粉的走俏顺势而为，实现从"路边摊"到"工业园"再到"销全球"的跨越式转型，成为区域高质量发展和乡村振兴的范本。这两个地区的城市，坚持实事求是，一切从实际出发，发挥自身比较优势，因地制宜，扬长避短，走出适合本地区实际的高质量发展之路。

在珠三角地区，广东省交通集团应用新一代数字技术，引导传统的交通运输行业向更深层次、更广泛领域的信息化、智能化迈进。注重提升传统产业的全要素生产率，同样蕴含新质生产力。

此外，中国大唐集团作为国有特大型能源企业，肩负着保障国家能源安全的重要使命，持续打造"绿色低碳、多能互补、高效协同、数字智慧"的世界一流供应商，努力成为美丽中国建设的领军企业。作为中国光通信的发源地，中国信科依托自身在C-V2X技术上不懈创新、产业布局持续投入和与业界的高效协同等优势，在推动我国车联网产业化进程中作出了独特贡献。

以上案例，在不同地区、领域和行业具有一定代表性和可借鉴性。我们也期待，本书能够成为推动高质量发展的有力助手，为广大读者提供有益的参考和借鉴。

本书由苏州大学北京研究院执行院长、教授庞清辉具体领导，国研智库参与部分案例的调研与撰稿。在编写过程中，得到了广西壮族自治区人民政府发展研究中心等案例相关单位以及合作方领导和专家的大力支持，他们通过对案例的精心挑选和深入剖析，为我们展现了高质量发展的生动图景。各章节的具体执笔是：第一章，庞清辉、陈宇、杨斯涵；第二章，沈和、丁全荣；第三章，程向民、周健奇、许露；第四章，沈和、金伟忻、郭建路；第五章，张桐振、许露；第六章，周健奇、唐沙砂、张玉雷、刘政强；第七章，中国大唐集团有限公司；第八章，庞清辉、杨斯涵；第九章，刘晓华、曹晓峰、李卫民、尹良龙；第十章，庞清辉、陈宇、杨斯涵。

特别要感谢那些在一线工作中默默奉献、勇于创新的实践者，正是他们的实践探索和智慧勇气、辛勤付出和不懈努力，才创造了这些高质量发展的典型案例。

展望未来，高质量发展仍然是我国经济社会发展的主题。我们相信，通过不断总结实践经验、深化理论研究、推动创新实践，一定能够在高质量发展的道路上走得更远、更稳、更好。

庞清辉

苏州大学北京研究院（国家基层治理研究院）执行院长，研究员

目　录

第一章

高质量发展的新定位和新探索

　　"必须把坚持高质量发展作为新时代的硬道理。"2023年12月召开的中央经济工作会议上，习近平总书记发表重要讲话，以"五个必须"深刻总结新时代做好经济工作的规律性认识，其中，"必须把坚持高质量发展作为新时代的硬道理"居于首位[①]。从"全面建设社会主义现代化国家的首要任务"到"新时代的硬道理"，会议赋予了高质量发展新定位，发出了新征程上推动高质量发展的新号令。

　　高质量发展作为新时代的硬道理，与"发展是硬道理"既一脉相承，又与时俱进，既强调发展的关键和基础地位，又强调发展的质量和效益，进一步明确了新时代推动高质量发展的重大意义。

　　2024年1月31日，中共中央政治局就扎实推进高质量发展进行第十一次集体学习。习近平总书记在主持学习时强调，必须牢记高质量发展是新时代的硬道理，深刻指出了发展新质生产力是推动高质量发展的内在要求和重要着力点，必须继续做好创新这篇大文章，推动新质生产力加快发展[②]。

　　这些都是习近平经济思想的最新成果，是习近平新时代中国特色社会主义思想的最新发展，对今后一个时期把握经济社会发展、做好经济工作具有全局性的指导意义。

　　当今世界，百年未有之大变局加速演进，经济全球化遭遇逆流，地区冲突此起彼伏，国际力量对比深刻调整，全球进入新的动荡变革期。新时代以来，推动高质量发展已经成为全党全社会的共识和自觉行动，成为经济社会发展的主旋律。面对更趋复杂严峻的国内外环境，一个共识更加清晰——高质量发展是全面建设社会主义现代化国家的首要任务，坚持高质量发展是新时代的硬道理。大海般广阔的中国经

---

① 《中央经济工作会议在北京举行》，《人民日报》2023年12月13日。
② 《加快发展新质生产力　扎实推进高质量发展》，《人民日报》2024年2月2日。

济，既承载和孕育着巨大的发展空间，也面临不少两难、多难的问题。如何化危为机，如何克难前行，放眼神州大地，一个个鲜活的高质量发展典型案例带来深刻启示，涌动着自强不息的中国力量。向"新"而行，以"质"致远，发展新质生产力、推动高质量发展的生动实践，描绘着中国式现代化的新图景。

一、高质量发展是新时代的硬道理

发展是人类社会永恒的主题，发展是解决中国一切问题的基础和关键，是中国共产党执政兴国的第一要务。我们党领导人民治国理政，最根本的就是为中国人民谋幸福、为中华民族谋复兴，不断回答好实现什么样的发展、怎样实现发展这个重大问题。经过新中国成立以来特别是改革开放以来的快速发展，我国综合国力和国际地位显著提升，全面建成小康社会目标如期实现。"发展才是硬道理"深入人心、嵌入历史，成为解码中国奇迹的秘诀。

首先，从新发展阶段来看，全面建设小康社会主要是解决"有没有"的问题；全面建设社会主义现代化国家必须解决"好不好"的问题。经济发展是一个螺旋式上升的过程，量积累到一定阶段，必然在质上提出新要求。党的二十大报告对全面建成社会主义现代化强国"两步走"战略作出了精辟阐述，既有质的规定，也有量的要求。从2020年到2035年基本实现社会主义现代化；从2035年到本世纪中叶，把我国建成富强民主文明和谐的社会主义现代化强国。2019年我国人均GDP达到1万美元，2023年我国人均GDP达到1.27万美元，但是与中等发达国家相比仍有不小的差距。在继续推动量的积累的同时，更加重视质的提升，通过高质量发展成功跨越中等收入阶段。因此，高质量发展必然成为新发展阶段经济建设的主题，离开这个主题，经济发展就可能失去方向。

其次，从践行新发展理念来看，坚持高质量发展作为新时代的硬道理，必须坚持创新、协调、绿色、开放、共享发展相统一。新发展理念是一个系统的理论体系，回答了关于发展的目的、动力、方式、路径等一系列理论和实践问题，必须完整、准确、全面贯彻新发展理念。新发展理念为高质量发展提供了科学的思想引领，是高质量发展的指挥棒。要将新发展理念贯穿经济社会发展的全过程和各领域，不断优化经济结构、转换增长动力、提升发展质量和效益。同时，高质量发展也是新发展理念的实践载体，通过高质量发展的具体实践不断检验新发展理念的科学性和有效性。

最后，从构建新发展格局来看，当今世界变乱交织，既要应对外部环境挑战，又要确保国民经济循环畅通。构建新发展格局，是根据我国发展阶段、环境、条件变化，特别是基于我国比较优势变化，审时度势作出的重大决策。外部环境复杂多变，在贸易方面西方国家加速推进与我国的"脱钩"和"断链"，在科技方面进行各种形式的打压遏制，围堵中国技术革新和产业转型步伐。当前，国内科技创新事业取得历史性成就，2012—2023年，全社会研发经费从1.03万亿元增长到3.3万亿元，我国全球创新指数排名由第34位上升到第12位，已经进入创新型国家行列。但不少关键核心技术受制于人的局面没有改变。加快构建新发展格局，着力推动高质量发展，要持续提高科技贡献率，提高全要素生产率，推动产业转型升级，加快建设现代化产业体系，增强供给体系的韧性，在面对重大挑战时确保国民经济循环畅通。国内循环越顺畅，越能对全球资源要素形成吸引力，越有利于形成参与国际竞争和合作新优势，最终形成以国内大循环为主体、国内国际双循环相互促进的新发展格局。

高质量发展是"十四五"乃至更长时期我国经济社会发展的主题。在推进高质量发展的过程中，有两大认识要准确、全面把握。

第一，推动经济实现质的有效提升和量的合理增长。有质也有量，经济发展是质和量的有机统一，质的提升为量的增长提供持续动力，量的增长为质的提升提供重要基础，二者相辅相成，不能舍一取一。

没有质的有效提升，量的合理增长将不可持续。多年来我国经济持续高速增长，在提高经济效益和优化经济结构方面均取得了显著成效，但在实践中，也曾出现忽视经济发展的质量结构效益，片面追求经济增长速度，甚至单纯以国内生产总值论英雄的偏向。新时代的发展必须是高质量发展，低水平重复建设和单纯数量扩张没有出路，只有以质取胜、不断塑造新的竞争优势，才能支撑长期持续健康发展。

没有量的合理增长，经济结构优化、产业转型升级、城乡协调发展、民生福祉改善都无从谈起。党的二十大报告提出，到 2035 年基本实现社会主义现代化、人均国内生产总值达到中等发达国家水平，这个奋斗目标要求在提高质量效益的基础上长期保持合理的经济增长。2023 年召开的中央经济工作会议强调，注意把握和处理好速度与质量、宏观数据与微观感受、发展经济与改善民生、发展与安全的关系，不断巩固和增强经济回升向好态势。必须看到，我国仍是一个发展中大国，在持续实现经济质的有效提升的同时，也要使主要经济指标保持在合理区间，实现合理的经济增长、充分的就业、稳定的物价、基本平衡的国际收支等。

第二，高质量发展是以经济发展为基础、聚焦社会各领域的发展，是对经济社会发展方方面面的总要求，内涵十分丰富。

在现实中还存在一些认识误区：高质量发展是经济发达地区的事情，与经济欠发达地区关系不大；欠发达地区还是要先做到高速增长，再考虑高质量的问题；高质量发展只是经济领域的事情；等等。

事实上，经济建设是党和国家的中心工作，须牢牢把握经济建设这个中心，把高质量发展要求贯穿经济建设的全过程、各领域，推动经济健康平稳发展。2023年12月召开的中央经济工作会议上强调，聚焦经济建设这一中心工作和高质量发展这一首要任务，把中国式现代化宏伟蓝图一步步变成美好现实。新征程上，要始终不渝坚持以经济建设为中心，不断解放和发展社会生产力，不断做大做强中国经济。

新征程上，我们不仅要始终坚持以经济建设为中心，还要聚焦经济社会各领域，把高质量发展贯彻到各个方面、各个领域、各个环节。高质量发展不只是一个经济要求，还涉及方方面面，贯穿于经济、政治、文化、社会、生态等各领域。中国式现代化是全面发展的现代化，推动高质量发展必须统筹推进"五位一体"总体布局。

坚持高质量发展作为新时代的硬道理，不是只对经济发达地区的要求，而是所有地区发展都必须贯彻的要求；不是一时一事的要求，而是必须长期坚持的要求。高质量发展的提出，不是权宜之计，更不是应急之策，而是要长期不懈抓下去。各地区要坚持实事求是，一切从实际出发，因地制宜、扬长避短，走出适合本地区实际的高质量发展之路。

二、推动高质量发展的内在要求和重要着力点

发展新质生产力是推动高质量发展的内在要求和重要着力点。

2024 年 1 月，习近平总书记在中共中央政治局第十一次集体学习时强调，发展新质生产力是推动高质量发展的内在要求和重要着力点，必须继续做好创新这篇大文章，推动新质生产力加快发展①。围绕什么是新质生产力、如何发展新质生产力作出系统阐述，深入回答了新质生产力的基本内涵、发展动力、主要特征、战略部署、本质要求、制度保障等一系列重大理论和实践问题，指明了高质量发展的重要着力点，是对生产力发展规律的深刻总结，具有重要的理论和现实意义②。

"我提出新质生产力这个概念和发展新质生产力这个重大任务，主要考虑是：生产力是人类社会发展的根本动力，也是一切社会变迁和政治变革的终极原因。高质量发展需要新的生产力理论来指导，而新质生产力已经在实践中形成并展示出对高质量发展的强劲推动力、支撑力，需要我们从理论上进行总结、概括，用以指导新的发展实践。""概括地说，新质生产力是创新起主导作用，摆脱传统经济增长方式、生产力发展路径，具有高科技、高效能、高质量特征，符合新发展理念的先进生产力质态。它由技术革命性突破、生产要素创新性配置、产业深度转型升级而催生，以劳动者、劳动资料、劳动对象及其优化组合的跃升为基本内涵，以全要素生产率大幅提升为核心标志，特点是创新，关键在质优，本质是先进生产力。"③

新时代孕育新思想，新理论引领新实践。发展新质生产力是一个复杂而深远的议题。

从理论的角度来看，马克思主义认为，生产力是人类改造自然并

①《加快发展新质生产力　扎实推进高质量发展》，《人民日报》2024 年 2 月 2 日。

② 王昌林：《以新质生产力为引领推进高质量发展和现代化建设》，《学习时报》2024 年 6 月 7 日。

③ 习近平：《发展新质生产力是推动高质量发展的内在要求和重要着力点》，《求是》2024 年第 11 期。

从自然界获得生存和发展的物质资料的能力，生产力的发展是社会历史发展的根本动力。习近平总书记关于发展新质生产力的重要论述，对马克思主义生产力理论进行了创新和发展，以全新视野深化了对生产力发展规律的认识。作为生产力构成的三个要素，新时代涌现出的是战略型人才以及掌握现代技术的新型劳动者，颠覆性技术带来的是全新的生产工具，劳动对象已扩展到数字资源、虚拟空间、量子技术等生产新空间。面对被新技术赋能的劳动者、劳动资料、劳动对象，当下的高质量发展需要新的生产力理论来指导。发展新质生产力，就是对现有生产方式的根本性革新，是生产力发展的高级阶段，它要求新的生产要素组合、新的生产工具和新的生产对象，进而为大幅提高全要素生产率提供必要条件，从而推动社会生产力的整体跃升。

从历史的角度来看，纵观近年来全球经济增长的新引擎，无一不是由新技术带来新产业，进而形成新的生产力。18世纪末，由热力学理论引起的以蒸汽机的发明和应用为标志的第一次工业革命，以资本主义大机器生产取代了传统手工工具。19世纪中后期，以电磁理论为支撑的电力技术的广泛应用促成了第二次工业革命，人类社会步入电气化时代。20世纪40年代以来，由原子能、生物科学、计算机、空间物理等技术突破引发的第三次工业革命，人类社会步入信息化时代。与前三次工业革命不同的是，这一轮科技革命和产业变革以数据等新型生产要素的产生和应用为重要标志，以包括算力、算法、网络通信在内的数字技术、人工智能为底层技术和核心技术，以数字化、智能化、绿色化为方向，具有多领域技术群体突破、交叉融合以及技术迭代加快、创新周期缩短等特征。伴随群体性技术的整体性突破，势必引起生产要素配置方式的深刻变化，给产业形态、产业结构、产业组织方式带来深刻影响，进而推动产业深度转型升级，通过"技术—要素—产业"链条传导，最终形成新的生产力质态。[①]

从现实的角度来看，新质生产力已经在实践中加快形成，科技创新不断实现新突破，一批关键共性技术、颠覆性技术等创新成果竞相涌现，数据作为新的生产要素深度赋能实体经济转型升级，现代化产业体系建设取得重要进展，新型劳动者批量培养，使新质生产力展示出强劲推动力、支撑力。但同时也面临着创新能力不强、关键核心技术受到制约，重点领域风险隐患较多、有效需求不足等问题，迫切需要进一步全面深化改革，形成与之相适应的新型生产关系，大幅提高全要素生产率，实现经济发展从量的扩张到质的提高的根本性转变，逐步用新的生产力取代和改造原有的传统生产力，培育壮大新产业、新模式、新动能。

总体来看，新一轮科技革命和产业变革突飞猛进，世界政治格局和国际力量对比加速调整，国际合作竞争尤其是大国博弈更加激烈，国际竞争归根到底是科技实力、经济实力和综合国力的竞争，面对纷繁复杂的外部环境，既要保持经济合理增长，更要切实加强科技创新，加快形成和发展新质生产力，确保在日趋激烈的国际竞争中立于不败之地。

值得注意的是，加快发展新质生产力，要掌握科学的方式方法，做到把握发展规律、把握工作关键、把握政策尺度。要遵循新质生产力发展的客观规律，从实际出发，先立后破、因地制宜、分类指导[②]。

首先，发展新质生产力，要处理好"立"与"破"的辩证关系，坚持先立后破。在"立"与"破"的平衡与互动中前进是事物发展的基本规律，新事物的产生和发展总是伴随着旧事物的消亡，但在实践

---

① 黄汉权：《深刻领悟发展新质生产力的核心要义和实践要求》，《求是》2024 年第 11 期。

② 《因地制宜发展新质生产力》，《人民日报》2024 年 3 月 6 日。

中，我们不能等待旧事物完全消亡后再去发展新事物，而是要先确立新事物，使其在发展中逐步取代旧事物，这样做可以确保新旧交替的平稳过渡，避免出现真空期或混乱状态。比如对于平衡新兴产业和传统产业的发展，坚持先立后破是一个重要的应用原则。发展新质生产力不是忽视、放弃传统产业，关键是聚焦"创新"二字做好文章，通过科技创新和制度创新等手段，让新兴产业与传统产业相互促进、相得益彰。一手抓培育壮大新兴产业、超前布局建设未来产业，立为先，促进创新与发展；一手抓传统产业升级，破中求立，积极促进产业高端化、智能化、绿色化转型，形成推动高质量发展的合力。

其次，发展新质生产力，要把握好"取"与"舍"的辩证关系，坚持因地制宜。因地制宜是一种清醒和定力，需要我们在实践中不断探索和创新。我国幅员辽阔，各地资源禀赋、产业基础、科研条件等各不相同，如果脱离实际，不问自身的条件禀赋什么项目都想上，结果必然是"一哄而上""泡沫化"，要防止盲目跟风，搞同一种模式的"抄作业"，脱离实际，不按规律办事。必须坚持分类指导，不能搞一刀切的"齐步走"，坚持深入调研、把准规律，立足本地实际，精心分析并用好用足自身的条件和优势，通过明确取舍标准、平衡短期与长期利益，有选择地推动新产业、新模式、新动能发展，做到有所为有所不为。

在新征程中，牢记高质量发展是新时代的硬道理，积极培育和发展新质生产力，聚焦经济建设这一中心工作和高质量发展这一首要任务，增强推动新质生产力发展的自觉性和主动性，为中国式现代化构筑坚实物质技术基础，努力实现更高质量、更有效率、更加公平、更可持续、更为安全的发展。

三、推动高质量发展面临的形势与重点任务

近年来，面对异常复杂的国际环境和艰巨繁重的改革发展稳定任务，在以习近平同志为核心的党中央的坚强领导下，中国经济在爬坡过坎中前行，高质量发展扎实推进，全面建设社会主义现代化国家迈出坚实步伐。

高质量发展是"质"与"量"的辩证统一。"量"的方面，要有一定的增长速度作支撑。2023 年，我国国内生产总值超过 126 万亿元，增长 5.2%，增速居世界主要经济体前列。纵观全球经济发展史，还没有哪一个经济体既有这么大的体量，还能保持如此长期高速的增长。在百年未有之大变局和世纪疫情交织的情况下，这些成绩的取得来之不易，我国经济展现出强大的韧性。

"质"的方面，高质量发展取得明显成效，已经成为经济社会发展的主旋律。主要表现在：科技创新实现新的突破，重大科技创新捷报频传，创新成为第一动力；现代化产业体系建设取得重要进展；生态环境保护发生历史性、转折性、全局性变化，绿色低碳转型稳步推进；重点领域和关键环节改革持续深化；安全保障能力持续提升；我国区域发展平衡性和协调性进一步增强；民生福祉持续增进。

"备豫不虞，为国常道"。当前，制约高质量发展的因素还大量存在。比如：从国内看，周期性、结构性矛盾并存；一些领域关键核心技术受制于人的局面尚未根本改变，创新活力和动力不够；产业"大而不强""全而不优"，在关系国计民生和国民经济命脉的重点领域，仍需要着力打造自主可控、安全可靠的产业链供应链，确保在极端情况下经济正常运转；供需循环不畅，存在诸多堵点，亟待既扩大有效

需求，又推动生产领域变革调整，从供需两端发力；全国统一大市场建设仍有短板，要素有序流动仍受到制约；微观主体发展动力和活力需要加强，稳定预期、增强信心成为当前面临的最大挑战。

从国际看，外部的不确定性与风险挑战也在增多，当前世界大变局加速演进，人类社会面临前所未有的挑战，世界进入新的动荡变革期。美国和一些西方国家以"国家安全"等名义从技术、人才、设备等领域实施围堵，延缓我国技术进步和产业转型升级进程，严重威胁我国发展的稳定性和安全性。近来炒作"中国产能过剩论"，采取新的贸易保护主义措施，意图遏制我国正在崛起的优势产业。经济全球化从注重效率转向效率、安全、公平兼顾，全球经济治理体系和规则正在面临重大调整，全球产业链供应链加速重构。

但总体来看，我国的发展正处于新的历史方位，正处于新旧动能转换、蓄势"二次腾飞"、全面迈上高质量发展的关键时期，当前我国的经济运行中，短期问题、周期性因素以及长期的结构性矛盾相互交织、叠加存在，国内国际面临诸多不确定性，将面临越来越多且日益严峻的风险与挑战。但是，也必须清醒地认识到，这些问题和挑战实际上是前进过程中必然遇到的问题。我国的发展仍然具备坚实的支撑基础和独特的优势，有中国共产党领导的政治优势，有社会主义市场经济的体制优势，有产业体系配套完整的供给优势，有超大规模市场的需求优势，有勤劳智慧的广大劳动者和科学家、企业家等人才优势。我国发展面临的有利条件强于不利因素，韧性强、潜力大、回旋余地广、经济回升长期向好的基本趋势没有变。

要全面、客观、理性地分析当前经济形势，要全面、辩证、长远地看待中国经济发展，透过短期之"形"，看清长期之"势"。在新形势下，遵循新质生产力发展的客观规律，从科技创新、产业创新、发展方式创新、体制机制创新、人才工作机制创新等方面抓好落实好高质量发展的战略任务，形成系统合力，构建全方位、多层次、立体化的高质量发展格局。

一是加快科技创新，使原创性、颠覆性科技创新成果竞相涌现。创新是发展新质生产力的核心要素。原创性、颠覆性科技创新能够催生新产业、新模式、新动能，是新质生产力的重要源泉。要完善新型举国体制，强化国家战略科技力量，加强应用基础研究和前沿研究，强化企业科技创新主体地位，高效整合科技资源协同攻关，瞄准前沿领域，打好关键核心技术攻坚战，加快实现高水平科技自立自强。

二是加快产业创新，推动科技成果转化为现实生产力。产业是生产力的载体，科技成果只有产业化才能成为社会生产力，表现形式为催生新产业、推动产业深度转型升级。要抓住新一轮科技革命和产业变革带来的新机遇，以科技创新推动产业创新。要及时将科技创新成果应用到具体产业和产业链上，加快科技成果向现实生产力转化，推动产业深度转型升级，改造提升传统产业，培育壮大新兴产业，布局建设未来产业，完善现代化产业体系。围绕发展新质生产力布局产业链，提升产业链供应链韧性和安全水平，保证产业体系自主可控、安全可靠。

三是加快发展方式创新，坚定不移走生态优先、绿色发展之路。绿色发展是高质量发展的底色，新质生产力本身就是绿色生产力。必须牢固树立和践行绿水青山就是金山银山的理念，加快发展方式绿色转型，推动形成绿色生产力。在生产方面，强化绿色科技创新和先进绿色技术推广应用，发展绿色低碳产业和供应链，发挥绿色金融的牵引作用，构建绿色低碳循环经济体系。在生活方面，在全社会大力倡导绿色健康生活方式，推动经济社会发展绿色化、低碳化，实现人与自然和谐共生。

四是加快体制机制创新，形成与新质生产力相适应的新型生产关系。生产关系必须与生产力发展要求相适应。如何加快形成与新质生产力相适应的新型生产关系，是当前各部门、各市场主体在发展实践中遇到的一个现实问题。作为新质生产力显著特点的创新，既包括技术和业态模式层面的创新，也包括管理和制度层面的创新。发展新质生产力，更需要通过深化改革清障除弊、开路架桥，不断建立健全与之适应的体制机制，营造与之契合的发展环境。从这个意义上说，发展新质生产力，既是发展课题，更是改革课题，是一场深刻的变革。

五是加快人才工作机制创新，畅通教育、科技、人才的良性循环。发展新质生产力，归根结底要靠创新人才。推动高质量发展，人才是第一资源，创新驱动实质是人才驱动，发展新质生产力对人才培养、引进、使用、合理流动提出了更高的要求。要加快培育新型劳动者队伍，大力造就能够创造新质生产力的战略人才和能够熟练掌握新质生产资料的应用型人才，构建具有国际竞争力的人才引进使用机制，实施更加开放的人才政策，逐步增强对世界优秀人才的吸引力。

经济社会体系是一个普遍联系、多维多元的复杂系统，瞻望前路，发展新质生产力，推进高质量发展仍然任重道远，还有不少难关险隘需要攻克。面对困难和挑战，要在实践中不断开辟新赛道、增强新动能、塑造新优势、拓展新空间，推动高质量发展不断迈上新台阶。

四、推动高质量发展的典型案例

深刻理解、全面认识当下高质量发展面临的新形势新趋势，瞄准落实高质量发展的重点任务，既要增强忧患意识，直面问题和挑战；

又要保持定力，增强信心和底气，集中精力办好自己的事，这也是应对各种风险挑战的关键。主动担当、主动探索的实践案例，在推动高质量发展的过程中不断转化为实际生产能力，催生新模式，形成新局面。

本书共选取了江苏昆山、上海松江、江苏省产业技术研究院、黑龙江佳木斯、广西柳州、中国大唐、中国信科和广东省交通集团8个高质量发展典型案例，总结其高质量发展的成果和经验，探索解决问题的新规律。

这次案例的选取更多地兼顾了长三角、珠三角、中西部、东北等不同发展程度的区域。我国区域发展基础和条件差异较大，不同的经济基础和自然禀赋，其适宜的发展模式和发展路径也不相同。发达地区科技、高端人才、科研院所等实力雄厚，聚焦国家战略需求，大力推进关键核心技术突破，加快战略性新兴产业和未来产业发展，可以打造新质生产力的发展先行区。其他地区突出优势特色，更多地把发展新质生产力的重点放在应用前沿技术和颠覆性技术改造上，提升传统产业，有选择地推动新产业、新模式、新动能发展。在全国形成优势互补、特色发展的新质生产力产业链供应链，东部、中部、西部和东北地区协同发展，形成高质量发展的合力。

此外，案例的选取都深刻体现了新发展理念与当下高质量发展需要攻克的重点任务。坚持创新发展，解决发展动力问题；坚持协调发展，解决发展不平衡问题；坚持绿色发展，解决人与自然和谐问题；坚持开放发展，解决发展内外联动问题；坚持共享发展，解决人民的民生福祉问题。同时，这些发展经验可借鉴、可参考、可推广。对很多有类似发展基础和经济条件的地区来说，这些案例经验对走出适合本地区实际的高质量发展之路具有参考价值和借鉴意义。

在高质量发展的过程中，顶层设计和实践探索是辩证统一的。党的十八大以来，以习近平同志为核心的党中央深刻洞察世界发展大势，准确把握人民群众的共同愿望，深入探索经济社会发展规律，对事关发展全局的重要领域进行系统谋划和顶层设计，注重从全局着眼做好谋篇布局，也鼓励支持各地在实践中开拓创新，发挥群众首创精神，在实践中大胆探索，努力破除惯性思维、打破思维定势、摆脱路径依赖，敢啃硬骨头、善开顶风船，着力破解深层次矛盾和问题，寻求有效解决新矛盾新问题的思路和办法。这也是我们党推动经济社会发展的一条重要经验。

峰高无坦途，道远有恒心。以中国式现代化全面推进强国建设、民族复兴伟业，是中国人民追求美好幸福生活的光明之路。道阻且长，行则将至。还有许多未知领域，需要我们在实践中去大胆探索。地方政府和企业等是推动高质量发展的主体，只有微观主体活力足，高质量发展才能动力强。后续我们还将持续关注并选出更多具有代表性和借鉴价值的高质量发展案例，也希望能够继续与更多的地方政府和企业开展合作，不断丰富我们的案例库，共同为高质量发展提供更多可借鉴的经验和实践样板。

第 二 章

聚力打造中国式
现代化的县域示范

——江苏省昆山市推动高质量
发展的实践与启示

昆山是 21 世纪近 20 年中国百强县市持续领先发展的排头兵，也是新时代以高质量发展领航中国式现代化的县域示范。2023 年，昆山地区生产总值达到 5140.6 亿元，超过江苏省 3 个省辖市，放到长三角城市群 41 个城市和全国百强城市中排位，分别列第 20 位和第 59 位；人均地区生产总值 24.1 万元，高于江苏全省平均水平 60%，达到中等发达国家水平；一般公共预算收入 456.6 亿元，超过江苏省 6 个省辖市。其产业国际竞争实力、科教人才支撑能力、城乡融合发展水平、生态环境建设质量等方面都远超县域经济发展形态。昆山创造的时代佳绩，为我们在新征程上牢牢把握推进中国式现代化这一最大政治，牢牢把握坚持高质量发展这一新时代硬道理，加快发展新质生产力，提供了生动示范和有益启示。

一、十五年持续奋进交出现代化建设过硬答卷

昆山的现代化建设具有非同一般的鲜明特点：起步早于全国。得益于习近平总书记的殷殷嘱托，承载着党中央、江苏省委和苏州市委的信任与希望，创造了引领全国县域发展的奇迹。2009 年 4 月，时任中央政治局常委、中央书记处书记、国家副主席习近平同志在江苏调研时指出，像昆山这样的地方，包括苏州，现代化应该是一个可以去勾画的目标。2014 年 12 月，习近平总书记考察江苏时，再次回忆和强调对昆山的这一要求。2019 年 2 月，江苏省委将昆山列为全省社会主义现代化建设试点地区之一，要求昆山为现代化建设探索路径、建立机制、积累经验。2022 年 6 月，苏州市委常委会专题调研昆山市工作，赋予昆山打造社会主义现代化建设县域示范的时代重任。昆山市委对标党的二十大确立的以中国式现代化全面推进中华民族伟大复兴的战

略部署，按照江苏省委和苏州市委新要求，确立打造中国式现代化的县域示范新目标。认真贯彻习近平总书记对江苏、苏州工作重要讲话重要指示精神[①]，全面落实"四个走在前""四个新"和"4+1"重大任务，勇当"强富美高"新江苏现代化建设排头兵。明确提出以建设新城市、发展新产业、布局新赛道为实践路径，积极争当区域一体发展、产业创新发展、深化改革开放、现代化城市建设、社会综合治理、实现共同富裕 6 个示范，出台实施 1 个总体方案、12 项行动计划、25 项主要任务、200 项重点项目，加快展现可观可感的现实图景、提供可学可鉴的发展路径、树立可圈可点的精彩样板。10 多年来，昆山始终牢记使命担当，踔厉奋进前行，以高质量发展过硬成绩交出了推进中国式现代化的过硬答卷。

一是综合实力大幅跃升。2009 年以来，地区生产总值连续跨过 4 个千亿级台阶，先后跨越 2000 亿元、3000 亿元、4000 亿元、5000 亿元，成为全国首个地区生产总值突破 5000 亿元的县级市；2023 年，地区生产总值是 2009 年 1750.1 亿元的近 3 倍；一般公共预算收入达到 456.6 亿元，是 2009 年 133.1 亿元的 3 倍多，分别占苏州市和江苏省的 18.6%、4.6%。连续 6 年荣获江苏省高质量发展先进县（市、区）、苏州市高质量发展综合考核县级市（区）第一等次，连续 19 年位居全国百强县（市、区）首位。

二是经济结构持续优化，超万亿元规上工业总产值支撑实体经济强势增长。2023 年，昆山规上工业总产值达到 11433 亿元，再上一个千亿级台阶，是 2009 年的 2.1 倍，总量占苏州市的 25.8%，规上工业增加值比上年增长 5.7%。规上民营工业企业产值近 5000 亿元，比上年增长近 30%。形成近 7000 亿元的电子信息和近 3000 亿元的装备制造产业集群，以及 3 家千亿元级、10 家百亿元级、129 家十亿元级、1057 家亿元级企业和 2766 家规上工业企业为矩阵的产业大牵引。

三是发展动能深刻转变，3072 家高新技术企业汇聚先进制造澎湃力量。2023 年，高新技术企业是 2009 年的 27.2 倍，占苏州市的 1/5、江苏省的 1/17。拥有上市企业 48 家，其中科创板 9 家。各级"专精特新"企业超 900 家，其中国家级专精特新"小巨人"企业达 60 家。累计引育国家级重大人才工程专家 174 名，其中自主培养达 77 名。集聚全球 80 个国家和地区近 10000 个外资项目，总投资超过 1200 亿美元。2023 年，进出口总额达到 1078.9 亿美元，以人民币计同比增长 10.3%，是 2009 年的 1.7 倍，位列全国城市第 13 位，分别占到苏州市、江苏省、全国进出口总额的 31%、14.5%、2%。

四是民生福祉显著改善，共享幸福和谐高品质生活。目前，昆山实际服务人口超过 300 万人，其中户籍人口 125 万余人，是 2009 年的 1.8 倍。民生支出占比保持在 80% 左右，居民人均可支配收入达 73750 元，年均增长 8.8%，村均集体可支配收入达 1262 万元，是 2009 年的 3.9 倍，城乡居民收入比缩小至 1.78∶1。[①]

二、六项关键举措打造中国式现代化的县域示范

现代化发轫于欧洲，其基本特点是超越农业文明的工业现代化。美国现代化后来居上，其主要特征是超越传统工业化的信息化的现代

---

① 资料来源：历年《昆山统计年鉴》《昆山市国民经济和社会发展统计公报》和《昆山市政府工作报告》。

化。昆山推进的现代化，是超越第一次和第二次工业革命的第三次、第四次工业革命的现代化，是超越工业化和信息化，推进数字化的现代化，也是超越农业文明和工业文明建设生态文明的现代化，更是要实现全体人民共同富裕的现代化。昆山现代化建设的这一特征，说到底是中国式现代化在县域的生动写照，其产生的深刻变化和广泛影响，让我们看到完整准确全面贯彻新发展理念，坚定不移推动高质量发展走在前列，在现代化建设中形成的澎湃力量和无限生机。

（一）以产业创新为关键抓手增强现代化发展动能，着力推动"昆山制造"向"昆山创造"跨越

比较而言，昆山的产业创新不是一般意义的"弯道超车"，而是超越时代的"换道超车"。以世界眼光和时代担当另辟蹊径，在全国抢先冲进全球第三次工业革命新赛道，较早拥抱超越第一次和第二次工业革命的电子信息产业。严格遵循产业创新内在规律和时代潮流，着力推动创新链、产业链、资金链、人才链深度融合，不断推动"昆山制造"向"昆山智造""昆山创造"历史性跨越，积极打造世界级产业创新集群高地。

一是积极增创世界级现代产业集群优势。全力构建以先进制造业为骨干的现代化产业体系，拥有制造业领域30个行业、覆盖战略性新兴产业所有8个大类，光电显示核心技术全球领先，同时拥有光电显示4条技术路线。大力推进新型工业化，加快发展新质生产力，深化"2+6+X"产业布局（"2"即新一代电子信息、高端装备制造两大千亿级主导产业，"6"即新显示、新智造、新医疗、新能源、新材料、新数字六大战略性新兴产业，"X"即以元宇宙、先进计算、低空经济等为代表的未来产业），积极推动智能终端向智能穿戴延伸布局、消费电子向汽车电子拓展升级、传统汽车零部件向新能源汽车核心部件转型

发展，培育发展元宇宙、新能源和智能网联汽车、绿色低碳 3 个千亿级新兴产业集群。坚持招大引强、培优育强，努力形成百亿级旗舰项目领航、50 亿级链主项目带动、30 亿级强链项目跟进的突破之势。规上工业企业全部完成一轮智能化改造和数字化转型，战略性新兴产业产值占比提升至 56.8%。近年来，大力发展人工智能产业，积极布局发展元宇宙新赛道，推动昆山未来产业加快创新突破。持续优化编制一套产业规划、组建一个产业联盟、构筑一个对话平台、建设一个产研中心、打造一个示范基地、设立一只投资基金、孵化一个生态链群的"七个一"支撑体系，聚力打造元宇宙产业发展先行示范区，微软工业元宇宙应用中心、HPE（慧与）全球数字创新港、甲骨文数字科技人才创新中心等标杆项目落地见效，使"打造元宇宙产业看昆山、发展元宇宙产业来昆山"成为城市现代产业新标识。

二是积极参与国家重大创新工程建设。加强深地、深海和深空研究探索，推动科技创新"关键变量"成为高质量发展"最大增量"，首个由我国科学家主导发起的国际大科学计划——"深时数字地球"国际大科学计划总部顺利落户昆山。深度服务网络强国和制造强国战略，高标准建成全国第八个超级计算中心，获批筹建国家新一代人工智能公共算力开放创新平台，建设全国算力标志性节点，成为率先拥有超算、智算两大高能级算力基础设施的城市。昆山杜克大学是目前国内唯一一所设立在县级市的中外合作大学，获批建设全国首批国际合作教育样板区。"一带一路"昆山国际先进技术研究院成为"科创中国"全球百佳技术典型案例。

三是积极促进高端人才集聚和产业创新集群良性循环。实施"头雁人才"计划，靶向引进海内外院士、学术带头人、领军型科技企业家，给予最高 2 亿元项目经费资助。2023 年，全市人才总量达到 53.5

万人，其中高层次人才 5.5 万人。连续 15 年举办清华大学"昆山周"系列活动，形成 400 多名清华校友在昆山创新创业、150 多家校友企业在昆山投资兴业的"清华现象"。实施祖冲之自主可控产业技术攻关计划，激发企业创新投入超过 130 亿元。设立昆山市产业资本中心，为上千家企业提供融资超百亿元。华天科技荣获 2020 年国家科技进步奖一等奖，成为全国首批创新型县（市）。以"产业园就是产业链、上下楼就是上下游"理念，大力推进 50 个特色专业创新园区建设，星巴克中国咖啡创新产业园、华成智能机器人产业园、晨风时尚创意产业园等一批示范园区开园运营，推动平面园区向垂直园区、制造园区向创新园区、传统园区向绿色园区蝶变。2023 年，《人民日报》《经济日报》《光明日报》分别通过头版专版，集中报道昆山践行习近平经济思想的生动实践。

（二）以城乡融合为重要途径拓展现代化发展空间，持续提升城市创新发展功能

进入 21 世纪以来，昆山以不足全国万分之一的土地，贡献全国 4‰ 的 GDP，使用全国 9‰ 的外资，创造全国 1.6% 的进出口额。城镇密度、产业密度和人口密度空前增加。同时也带来产强城弱、人增地紧、要素制约趋紧等压力。对此，昆山抢抓国家战略机遇，加快推进新型城镇化和乡村全面振兴步伐，持续拓展发展空间，畅通要素流动，全面提升城镇现代化功能和品质。

一是着力深化区域协调发展。创造性落实长三角一体化发展战略和江苏省区域协调发展布局，大力实施区域联动发展策略，深度整合各方面有效资源，充分释放城乡布局优化巨大潜能。向东接轨上海，致力打造数字经济试验区；向西融入苏州主城，全力打造产业创新引领区；向北联动沿江港口，着力打造产城融合示范区；向南协同长三

角生态绿色一体化发展示范区，倾力打造江南文化样板区。与此同时，着力推进跨区域基础设施互联互通、产业创新深度融合、生态环境共保联治、公共服务普惠共享，"东南西北"全方位多层次深度拓展，有效增强昆山与上海等地同城化效应。2023 年，昆山开发区在国家级经开区综合发展水平考核评价中上升至第四位；昆山高新区在国家级高新区综合评价中位列第 32 位；花桥经济开发区跻身江苏省级前十；所有镇全部位列全国千强镇，玉山镇蝉联全国千强镇第一，花桥镇、周市镇稳居前十，全国强镇集群引领带动效应明显。

二是着力提升城市功能品质。坚持"人民城市人民建、人民城市为人民"，统筹推进现代化城市品质建设，高标准推进青阳港滨水城市客厅、昆山南站城市门户、西部生态城市庭院建设，加快补齐现代化城市功能短板，不断刷新城市界面。坚持把老旧小区改造作为城市有机更新的重要抓手和提升人居环境的重点内容，推动海绵城市、"厕所革命"、管网改造等工作有机结合，系统实施宜居住区综合改造和特色街区整体塑造。2009 年以来完成老旧小区改造 706.5 万平方米，城市面貌日新月异，城市服务功能日趋完善。入选江苏省城市生命线安全工程试点城市。积极构建现代综合交通体系，建设"两环四联八射"快速路网，建成全国县级市里程最长的城市中环高架。苏州轨道交通 11 号线与上海轨道交通 11 号线在昆山花桥站无缝衔接，轨道上的都市圈、经济圈、创新圈、生活圈基本形成。

三是着力推进乡村全面振兴。充分发挥城乡融合发展水平高和以城带乡、以工促农基础好的优势，统筹实施产业赋能"百村共兴"、人居环境"百村共美"、强村富民"百村共富"、文明和谐"百村共治"、城乡融合"百村共享"的乡村振兴"五百行动"。先后完成探索建立新型职业农民制度试点、农村闲置宅基地盘活利用改革试点、农村宅基地制度改革试点 3 项全国农村改革试验任务。高标准推进中国农业科学院华东农业科技中心建设，大力实施优质农产品种源、智能农技装备、特色功能农产品"三个十"工程。建成省级以上现代农业园区 4 个，培育农业产业化龙头企业 67 家。打造陆家镇大田稻麦无人农场、益海嘉里（昆山）央厨园区等特色载体，做深做透"一颗生豆"到"一杯咖啡"、"一粒小麦"到"一片面包"、"一个水果"到"一瓶果汁"等产业链深加工模式，做强高端食品产业集群。建成省级特色田园乡村 16 个。昆山入选国家乡村振兴示范县、农业现代化示范区创建名单，获评全国农业科技现代化先行县、全国农村人居环境整治激励县。

（三）以生态文明为最高境界提升现代化发展品质，扎实推进人与自然和谐共生

经济持续高速增长带来的资源压力和环境危机，是新时代必须着力破解的现实难题。面对生态环境发展的短板，昆山义无反顾作出转折性战略抉择。坚持站在人与自然和谐共生的高度谋划发展，深入践行"绿水青山就是金山银山"理念，科学统筹"生产、生活、生态"三大空间布局，全面做好"水、碳、绿"三篇文章，协同推进降碳、减污、扩绿、增长，持续加快发展方式绿色低碳转型和生态环境质量改善提升，推进发展方式根本性变革，加快建设"美丽昆山"，让天更蓝、地更绿、水更清、环境更优美，保障人民群众过上宜居宜业高品质生活。

一是狠抓污染防治。坚持精准治污、科学治污、依法治污，全力以赴打好蓝天、碧水、净土保卫战。新时代以来，昆山全社会环保投入累计超过 1800 亿元，空气质量优良天数比例由 71% 提升至 80.5%，PM2.5 平均浓度由 61 微克 / 立方米下降至 29 微克 / 立方米，建成幸福河湖 321 条，国省考断面水质优Ⅲ比例达 90%，城镇污水处理提升工

程获得中国水利工程优质（大禹）奖。

二是聚力低碳转型。高标准推进长三角（昆山）国际低碳产业创新园区建设，加快打造集科技研发、技术创新、场景应用、成果转化于一体的全链条产业创新平台。大力实施传统产业绿色低碳转型行动计划和重点行业节能降碳改造，综合运用亩均税收、单位能耗、绿色金融、信用等市场化差异化手段，积极构建企业循环生产、产业循环组合、社会循环消费体系，绿色生产、绿色出行、绿色消费走在全国前列。近 10 年，万元 GDP 能耗从 0.4 吨标煤降至 0.17 吨标煤，降幅达 57.5%，累计培育国家级绿色工厂 15 家、省级绿色工厂 66 家、苏州市"近零碳"工厂 6 家，花桥经济开发区获评江苏省首个现代服务业生态园区，昆山经济技术开发区获评全国首批绿色低碳示范园区。新建建筑绿色化达到 100%，"昆山绿色建筑和生态城区区域集成示范"入选生态环境部绿色低碳园区典型案例。

三是建设美丽昆山。坚持把优美生态环境作为最公平的公共产品、最普惠的民生福祉。实施 56 公里昆山之链慢行环线工程和 39 公里环城滨江绿带建设，统筹布局 3 个综合公园、200 个社区公园、500 个口袋公园"三级公园体系"，"推窗见绿、开门进园"成为昆山市民触手可及的幸福。大力推进海绵城市建设，完善政策和标准体系，省级海绵城市 22.9 平方公里试点区域全面建成，成为全国系统化全域推进海绵城市建设示范城市。城市绿化覆盖率达到 45%，自然湿地保护率达到 64%，天福国家湿地公园项目获评生物多样性 100+ 全球典型案例，昆山获评国家生态文明建设示范市、国家生态园林城市等荣誉称号。

（四）以改革开放为强大动力汇聚现代化发展力量，加快构建高水平对外开放新格局

改革开放是决定中国命运的关键一招，也是昆山推进高质量发展

走在前列的关键一招。面对变幻莫测的发展环境和人民日益增长的美好生活需要，昆山坚定不移做好改革开放大文章，始终坚持向改革要动力、向开放要活力，持续推进深层次集成改革与高水平对外开放互促并进，不断依靠制度创新破解突出矛盾，着力打造市场化法治化国际化一流营商环境，努力汇聚高质量发展走在前列的澎湃力量。

一是不断增创开放发展优势。把深度对标上海、服务上海作为增创开放新优势的重要目标，全面融入虹桥国际开放枢纽北向拓展带，与嘉定、太仓共建协同创新核心圈，推动"五大共识"深化为"五大行动"。积极适应数字经济时代需要，高点定位花桥国际商务区，推动数字经济、总部经济、研发经济跨越式发展，打造数字经济试验区和国际青年创新城，打响"上海有虹桥、苏州有花桥"品牌。"嘉定安亭—昆山花桥—青浦白鹤"城镇圈建设被国家发展改革委列为典型案例复制推广，昆山获评首批长三角G60科创走廊产城融合发展示范区。推进国家进口贸易促进创新示范区建设，建成启用咖啡生豆交易中心、长三角国际空港现代物流中心等特色载体，大力引育贸易型总部、龙头型进口企业，进出口总额近3年保持千亿美元以上规模。

二是持续深化昆台融合发展。作为中国大陆台商投资最活跃、台资企业最密集、两岸经贸文化交流最频繁的地区之一，昆山坚持在制度机制上求突破、在产业合作上下实功、在交流交往上促提升，持续擦亮"对台合作第一城"城市品牌。2013年2月国务院批复同意设立昆山深化两岸产业合作试验区，2020年12月国务院批复扩大试验区范围至昆山全市，成功召开11次部省际联席会议，167项先行先试政策取得显著成效。依托昆山金融改革创新试验区国家级平台，围绕跨境贸易、科技创新、绿色发展等领域加大金融改革创新力度，累计形成创新成果50余项，其中20多项为全国或全省首创。累计批准台资项目近 6000 个、投资总额近 700 亿美元，中国台湾前 100 大制造业企业超 70% 在昆山落户，7 家台企在中国大陆上市、占全国总量的 1/8。成功举办海峡两岸（昆山）中秋灯会等品牌活动，打造华灿（昆山）总部基地、海峡两岸青少年交流中心等平台载体，推动台商大陆"精神家园"建设走深走实。

三是精心打造一流营商环境。在全国率先提出"亲商、安商、富商"服务理念，每年迭代升级营商环境政策措施，定期组织开展"招商护商服务月"等活动，持续擦亮"昆如意"营商服务品牌，推动营商环境从"投资昆山万事如意"向"投资创业首选地"提升。创新推出即办事项 1 个工作日内办结、一般事项 3 个工作日内办结、多部门联办事项 5 个工作日内办结、复杂疑难事项 7 个工作日内形成处办意见的"马上办"工作机制，重点项目全链代办服务跑出"三天办四证""一天发五证"的昆山效率，被评为江苏省县域首个国家信用体系建设示范区。

（五）以共同富裕为根本追求彰显现代化发展价值，让全体人民共享高品质幸福生活

实现人民群众共同富裕是推动高质量发展的根本目的。满足昆山人民的美好生活需要，必须持续有效促进就业创业、增加居民收入，不断完善基本公共服务体系。昆山坚持以人民为中心的发展思想，坚持"人民城市人民建、人民城市为人民"，千方百计增进民生福祉，着力推进基本公共服务均等化，不断让新老昆山市民既"富口袋"也"富脑袋"，努力让每一位在昆山居住工作的市民都能乐享幸福生活。

一是推动公共服务优质均衡。积极落实就业优先战略，持续举办"万名大学生大招聘"等重点群体就业保障活动，城镇新增就业连续 10 年超过 3 万人。积极引入长三角名校教育资源，先后与南京师范大学、

上海师范大学、苏州大学深化合作办学，基础教育教学质量持续提升。2009 年以来，办学规模持续扩大，水平持续提升。全市各类学校由 159 所增至 319 所、在校学生由 11.5 万人增至 39.6 万人，近年来，市区东部、西部两个医疗中心先后建成投用，新增床位 4000 多张，形成了由 2 家三甲医院、9 家乡镇医院、18 家社区卫生服务中心和 110 个社区卫生服务站构成的三级医疗卫生体系，有效满足人民群众医疗卫生服务需求。累计建成区域性养老服务中心 11 家、新增养老床位超 3800 张，建成普惠性托育机构 15 家、新增托位超 6800 个。

二是推动文化文明繁荣发展。始终坚持注重以文兴业、以文聚力、以文润城，致力打造为实践人文经济学的现实样本。昆山拥有"中国第一水乡"周庄等 4 个国家历史文化名镇，被评为中国优秀旅游城市、最佳中国魅力城市。积极发挥"百戏之师"发源地优势，成功举办 5 届戏曲百戏（昆山）盛典，全国现存 348 个剧种在昆山逐一展演、实现大团圆；建成昆山戏曲百戏博物馆，昆曲普及提升工程入选国家公共文化示范项目。精心举办淀山湖国际露营嘉年华、中国（昆山）咖啡产业大会、长三角龙舟邀请赛等特色文体活动，昆山奥体中心、留晖公园等公共文体服务设施建成投用。积极培育和践行社会主义核心价值观，高标准创成全国文明城市，新时代文明实践中心建设升格为国家试点。

三是推动社会治理精准高效。主动顺应数字化发展潮流，加强数字政府建设，积极推进城市数据底座建设，建成"鹿路通"市民服务总入口和"昆如意"企业服务总入口，基本实现"一网通用""一网通办""一网统管"。实施基层治理"根系工程"、街镇治理"基石工程"、社区治理"乐居工程"、社会治理"智慧工程"，全面建成三级社会矛盾纠纷调处化解中心工作体系。持续深化流动人口入城、入住、入职等环节数智化治理，完成"城市哨兵"系统、"精网微格"工程、"科技合围"体系全覆盖建设，群众安全感满意度达到99.33%。昆山获评平安中国建设示范县、全国信访工作示范县、全国民族团结进步示范区。昆山市人大常委会成为江苏省首个全国人大常委会法工委基层立法联系点，完成50部法律草案立法征询任务，217条意见建议被认可采纳。成立全国首家新时代县级政协协商民主研究中心，创新开展聚合式专题协商，推动政协协商与基层协商高效衔接。

（六）以党建引领为坚强保证筑牢现代化发展根基，切实为高质量发展提供坚强政治保证

推动高质量发展必须坚持和加强党的全面领导、坚定不移全面从严治党。昆山坚持把抓好党建作为最大政绩，全面贯彻新时代党的建设总要求，积极健全领导体制机制，放大党建引领效能，推动党建工作扎根治理现代化主战场，确保中心工作推进到哪里，党的建设就引领到哪里，不断汇聚干事创业、强市富民、造福百姓的澎湃力量。

一是坚持和加强党的全面领导。始终将政治建设摆在首位，坚定拥护"两个确立"，坚决做到"两个维护"，建立健全习近平总书记重要讲话和重要指示批示精神全链条贯彻落实机制，确保党的各项决策部署在昆山见行见效、落地生根。高质量开展党内集中教育，成立江苏省习近平新时代中国特色社会主义思想研究中心昆山实践调研基地，擦亮"鹿城飞燕""鹿鸣万家"等宣传宣讲品牌，引导党员干部坚持用党的创新理论武装头脑、指导实践、推动工作。认真落实党中央支持和鼓励"四敢"①重要要求，第一时间举行千人动员大会，制定出台

---

① 指干部敢为、地方敢闯、企业敢干、群众敢首创。

"四敢"工作方案和四项实施意见，在干部群众中开展大讨论大走访大实践主题活动，把蕴藏的活力激发出来、智慧凝聚起来。完成市委常委会专题调研区镇工作全覆盖，帮助各区镇理思路、明定位、谋路径，全面激发比学赶超、竞相发展的奋斗热情。

二是建强基层党组织战斗堡垒。坚持党旗飘在一线、堡垒筑在一线、党员冲在一线，组织开展"党建引领基层能力和作风提升年"活动，组建行动支部755个，推动党员干部在大战大考中充分发挥先锋模范作用。坚持大抓基层、重抓基层，深化党支部标准化规范化建设，推进各领域党建走深走实，基层党组织政治功能和组织力显著增强。全面推进红管先锋、根系工程、美美乡村等专项行动，构建完善"海棠花红"三级党群服务体系，党建引领基层治理、抓党建促乡村振兴等工作创设形成一批新机制新载体，党群组织向"三新"①领域实现有效延伸覆盖，引领各方面资源力量融入融合。培育陈惠芬"融和工作法"、富士康"红富士"党建品牌等一批示范典型，累计4人入选江苏省"百名示范"和37人入选"千名领先"村（社区）书记。

三是锤炼高素质干部队伍。全面构建干部素质培养、知事识人、选拔任用、从严管理、正向激励"五大体系"，深化"以事找人、人事贯通"评价机制，推进优秀年轻干部四级梯队建设"4820"计划，保障干部队伍始终充满生机活力，切实以干部敢为带动地方敢闯、企业敢干、群众敢首创。系统实施新时代干部现代化建设能力素养提升工程，立足实战搭建干部实践锻炼平台，打造干部工作"昆玉"系列品牌，健全"选育管用"全链条培养体系。坚持严管与厚爱相结

---

① 指加强新经济组织、新社会组织、新就业群体党的建设。

合，落细落实干部鼓励激励、容错纠错、能上能下"三项机制"，优化综合考核制度，注重积累一批可观可感可参照的实例，旗帜鲜明地为敢于担当的干部撑腰鼓劲。创新基层监督体系建设，促进各类监督贯通协调，以"大监督"格局巩固发展良好政治生态，立体打造廉洁昆山。

三、走在高质量发展前列的六条实践经验的有益启示 [①]

主动担当国家使命，深度融入国家战略，勇于扛起中国式现代化县域示范重大任务，不断刷新发展纪录，积累鲜活经验，这是昆山现代化建设的又一鲜明特征。郡县治，天下安。县域经济是国家长治久安的关键环节和重要基础。新时代特别是党的二十大以来，前往昆山调研学习者络绎不绝，昆山推进中国式现代化县域示范的标杆效应持续显现。昆山的鲜活经验，弥足珍贵；昆山的创新实践，可复制、可推广。昆山的创新实践和鲜活经验为在中国式现代化新征程上推动高质量发展、加快发展新质生产力带来许多有益启示。

（一）推动高质量发展，最核心的是勇当开路先锋

勇当开路先锋是昆山走在前列的鲜明特征。改革开放以来，国家每次重大战略调整，昆山都冲在最前头，开创新局面。从 20 世纪 80 年代自费创办开发区，到 21 世纪初开办首个封关运作出口加工区，从建设"对台合作第一城"到打造长三角城市群明星城市，再到当前聚力打造中国式现代化的县域示范，昆山始终以开路先锋的奋进姿态走

---

① 本部分引自江苏省政府参事室高质量发展典型联合调研组：《担当现代化"首要任务"的县域示范——昆山市高质量发展走在前列的实践与启示》，《中国发展观察》2023 年第 4 期。

在时代前列，作出非凡贡献。实践表明，推动高质量发展，加快发展新质生产力，必须增强主动担当和示范引领意识，深度融入国家战略，坚定扛起重大使命，敢于创造时代标杆，不断赢得发展主动、构筑领先优势、创造历史奇迹。

（二）推动高质量发展，最突出的是引领产业发展

引领产业发展是昆山走在前列的坚实根基。昆山始终把发展作为第一要务，矢志不渝坚持制造业立市和产业强市，坚定不移推进科技创新与产业创新深度融合，不断做大做强实体经济、夯实物质基础。昆山从原来苏州"小六子"跃升为全国县域经济领头羊，形成全球规模最大的电子信息产业集群，创造超万亿元的工业产值，带动超百万人就业创业致富。实践表明，推动高质量发展，加快发展新质生产力，必须主动适应全球技术革命和产业变革时代潮流，不断推动产业转型升级，构建现代优势产业集群，加快形成一批重点领域的颠覆性前沿性技术优势，持续增创新质生产力和市场竞争的领先优势。

（三）推动高质量发展，最关键的是深化改革开放

深化改革开放是昆山走在前列的关键一招。昆山汇聚新动能、赢得主动权、增创新优势的制胜秘诀是改革开放。新时代以来，昆山在全国同类城市中，承担国家和省重点改革事项最多，建成各类高端前沿开放载体最多，打造科创平台和高新技术企业最多，集聚高端团队和国家重大人才工程专家最多。实践表明，推动高质量发展，加快发展新质生产力，必须持续深化市场化改革和高水平开放，着力推动体制机制创新，精心打造市场化、法治化、国际化一流营商环境，不断塑造"双循环"竞争与合作优势，增创更多更强新动能，加快形成以教育、科技、人才为坚强支撑的高质量发展新格局。

（四）推动高质量发展，最紧迫的是推动绿色转型

推动绿色转型是昆山走在前列的重要抉择。昆山发展较早遇到资源环境能耗等约束难题，最先开启绿色转型深刻探索。昆山以促进人与自然和谐共生为标杆，大力实施减量发展策略，不断提高单位面积产出的"含金量"和"含绿量"，实现精心规划、精致建设、精细管理、精明增长、精益涵养，人居环境和生态质量持续改善，绿色低碳发展成为转型发展的关键变量。实践表明，推动高质量发展，加快发展新质生产力，必须牢固树立"绿水青山就是金山银山"的理念，像保护眼睛一样保护生态环境，加快构建生态保护长效机制，努力促进生态产品价值实现，加快发展绿色生产力，真正让良好生态环境和绿色生产力成为高质量发展的核心竞争力。

（五）推动高质量发展，最根本的是促进共同富裕

促进共同富裕是昆山走在前列的价值所在。昆山始终坚持把满足人民日益增长的美好生活需要作为出发点和落脚点，紧紧围绕就业、教育、医疗、养老、托幼、交通等百姓关切，把发展成果转化为人民生活品质，既"富口袋"又"富脑袋"，让宜居宜业美好环境成为创新创业创投创富的高地和福地。实践表明，推动高质量发展，加快发展新质生产力，必须以实现人的现代化为核心，紧贴人民群众美好生活向往，正确处理好"做大蛋糕"与"分好蛋糕"的关系，不断改善生产生活条件，更好丰富群众物质和精神文化生活，让全体人民共享幸福美好生活。

（六）推动高质量发展，最重要的是强化党建引领

强化党建引领是昆山走在前列的坚强保证。昆山走在高质量发展前列，本质是昆山市委带领党员干部和全体人民走在前列，说到底是昆山坚定贯彻党中央决策部署走在前列。"昆山之路"的精神内涵从20

世纪 80 年代的"唯实、扬长、奋斗"到新时代的"敢闯敢试、唯实唯干、奋斗奋进、创新创优",始终彰显勇当全国开路先锋的优秀品质,始终体现对党的根本宗旨和富民强国的不懈追求。实践表明,推动高质量发展,加快发展新质生产力,必须坚定拥护"两个确立",坚决做到"两个维护",坚持和加强党的全面领导、坚定不移全面从严治党,持续不断提高干部队伍素质、强化组织保证,紧紧依靠党建引领,调动积极因素、汇聚澎湃力量,坚决战胜现代化新征程上一切艰难险阻,不断创造无愧于伟大时代的辉煌业绩。

第 三 章

科技创新与产业发展跨区域协同和深度融合的鲜活样本

——长三角 G60 科创走廊策源地松江推动高质量发展的实践与启示

一、上海市松江区：长三角 G60 科创走廊的科技创新策源地

高质量发展是全面建设社会主义现代化国家的首要任务。创新是引领发展的第一动力。长三角作为我国经济发展最活跃、开放程度最高、创新能力最强的区域之一，肩负引领创新的重要使命。习近平总书记在深入推进长三角一体化发展座谈会上强调，长三角区域要加强科技创新和产业创新跨区域协同。大力推进科技创新，加强科技创新和产业创新深度融合，催生新产业新业态新模式，拓展发展新空间，培育发展新动能。要以更加开放的思维和举措参与国际科技合作，营造更具全球竞争力的创新生态①。

上海市松江区具有优越的区位优势和创新资源优势。松江区位于长江三角洲内上海市西南部，在黄浦江上游，被誉为"上海之根、沪上之巅、浦江之首、花园之城、大学之府"。松江是上海连接整个长三角、辐射长江流域的核心区域。全区总面积 604.64 平方公里，截至 2023 年底，常住人口 197.35 万人，现有市场主体 24.98 万户，建有包括 13 所高校的大学城，是上海高端制造业主阵地和国际科创中心建设的重要承载区②。

上海市松江区基于自身优势，以新发展理念为遵循，携手长三角城市共建长三角 G60 科创走廊③，有计划、有步骤地推动科技创新。长三角 G60 科创走廊覆盖 9 个城市，包括上海市松江区、浙江省嘉兴市、

---

① 《推动长三角一体化发展取得新的重大突破　在中国式现代化中更好发挥引领示范作用》，《人民日报》2023 年 12 月 1 日。

② 资料来源：《2023 年上海市松江区国民经济和社会发展统计公报》。

③ 长三角 G60 科创走廊是一个由上海、杭州、合肥等城市组成的区域性科技创新合作平台，旨在通过科技创新和产业升级推动区域一体化发展。

浙江省杭州市、浙江省金华市、江苏省苏州市、浙江省湖州市、安徽省宣城市、安徽省芜湖市、安徽省合肥市，是长三角区域的重要发展战略，覆盖面积大，经济活力足。为有效推进长三角 G60 科创走廊建设，科技部牵头成立推进长三角 G60 科创走廊建设专责小组，并在长三角区域合作办公室的指导下组建长三角 G60 科创走廊联席会议办公室。其中，专责小组组长由科技部负责同志和上海市负责同志共同担任，协调落实跨地区、跨部门重要事项以及需要中央政府予以支持事项，指导、督促、检查 G60 科创走廊建设工作。科创走廊源起松江。2016 年 5 月 24 日，松江提出沿 G60 高速公路 40 公里松江两段布局"一廊九区"，构建"党建引领、对标一流、双轮驱动、开放共享"的 G60 科创走廊，即上海松江 G60 科创走廊 1.0 版。科创走廊联通嘉杭。2017 年 7 月 12 日，松江与浙江杭州、嘉兴签订《沪嘉杭 G60 科创走廊建设战略合作协议》，沪嘉杭 G60 科创走廊 2.0 版启动建设。九城共建科创走廊。随着长三角一体化进程的加速与深化，2018 年，松江提出以沪苏湖高铁建设为契机，将 G60 科创走廊发展为贯穿沪苏浙皖三省一市、覆盖 9 个城市的"一廊一核九城"总体空间布局，即长三角 G60 科创走廊 3.0 版。上海市松江区充分发挥长三角 G60 的联动优势，积极主动建设科创走廊，营造科创环境，发展科创产业，为践行习近平经济思想，实施创新驱动发展战略提供了鲜活样本。

二、以科创为引领促进产业跨区域协同和融合发展

松江区以新发展理念为遵循，着眼服务高水平自立自强，推动科技创新与产业创新跨区域协同和深度融合，加快培育和发展以科技创新为引领的新质生产力，已从传统的农业区、房地产占"半壁江山"

的近郊区，跃升为有力服务支撑国家区域重大战略的创新策源地。

（一）秉持新发展理念不动摇，松江发展实现了前所未有的重大转型跃升

1. 从传统农业区转型为长三角科创策源地

松江区曾是上海的农业大区，有 15 万亩[①] 水稻良田，粮食亩产量、生猪存栏出栏量多年来位居上海各区第一，家庭农场制改革走在全国前列。改革开放后，松江快速发展，从农业大县转型为工业大区。G60 高速公路[②] 松江段沿线既有全国知名的大学城，又是面向长三角以产业链和创新链为纽带的制造业重镇，依托制造业基础和大学城资源，对产业结构进行了科学布局和深度调整，启动建设"上海松江 G60 科创走廊 1.0 版"，以科技创新驱动"松江制造"迈向"松江创造"。2016 年启动建设当年，地方财政收入增长 33.2%，被国务院认定为全国供给侧结构性改革典型案例，被增列为上海科技创新中心的重要承载区。"十三五"地方财政收入年均增长 12.4%，地区生产总值年均增长 10.5%，总量跃升到全市前列，制造业税收替代房地产业占主导地位[③]。截至 2024 年 6 月 5 日，获批国家高新技术企业达到 2650 家，总量居上海市前列[④]。"十三五"时期，以先进制造业为主导的工业固定资产投资年均增长 35.2%，战略性新兴产业产值占规上比重从 2015 年的 18.5% 上升到 60%[⑤]。2023 年，全区规上工业企业数、产值规模、进出口额、工业固定

---

① 1 亩 ≈ 666.67 平方米。

② 即上海—昆明高速公路，全长约 2730 公里，连接了中国东部的经济发达区域和西南地区的资源富集区，对于促进区域经济发展具有重要意义。不仅被纳入《长江三角洲区域一体化发展规划纲要》，还被写入《中华人民共和国国民经济和社会发展第十四个五年规划和 2035 年远景目标纲要》。

③《奇迹：书写一体化传奇，绘就区域创新协同壮阔画卷 | 长三角 G60 科创走廊七周年系列综述》，上海松江，2023 年 6 月 7 日。

④《向"新"而行，激发高质量发展澎湃动能》，《中国经济导报》2024 年 6 月 6 日。

⑤《长三角 G60 科创走廊策源地 上海松江推动科技创新与产业发展深度融合》，《人民日报》2022 年 10 月 13 日。

资产投资、"专精特新"企业数、高新技术企业数均位列全市前列。杭州、金华、嘉兴、湖州、宣城、上饶、池州等18个城市在松江建设科创飞地，策源地"引力场"效应不断显现。

【专栏 3-1】松江大学城基本情况

松江大学城位于上海松江新城区西北角，占地约8000亩，内含上海外国语大学、东华大学、华东政法大学、上海对外经贸大学、上海工程技术大学、上海立信会计金融学院、上海视觉艺术学院等多所学校，通过共享将各个学校串联起来，形成有机综合体，是中国规模较大的大学园区之一。

松江大学城的建设是上海创建新型办学模式的一次探索和改革，采用了区里出土地、银行贷款搞基建、高校以租赁方式进入园区的新机制、新模式。多所大学优势互补、强强联合，共同构建没有"围墙"的大学园区，形成规划整体化、资源共享化、后勤社会化、管理集中化的园区运作模式。

资料来源：作者根据公开资料整理所得。

2. 从区域性科创走廊探索上升为服务国家战略的重要平台

按照"推进与长三角周边城市的分工合作"的要求，以更高站位、更广阔视野，服从服务长三角一体化国家战略，谋划建设"沪嘉杭 G60 科创走廊 2.0 版"，从原先松江段的 40 公里延伸到嘉兴、杭州段的 180 公里。2018 年 6 月 1 日，在长三角地区主要领导座谈会期间，G60 高速公路、沪苏湖高铁、商合杭高铁沿线的上海市松江区、杭州市、嘉兴市、湖州市、金华市、苏州市、合肥市、芜湖市、宣城市九城携手共建"长三角 G60 科创走廊 3.0 版"。2019 年 5 月 13 日，中共中央政治局会议审议通过《长江三角洲区域一体化发展规划纲要》，提出持续有序推进 G60 科创走廊建设，打造科技和制度创新双轮驱动，产业和城市一体化发展的先行先试走廊。2020 年，科技部、国家发展改革委等六部门联合发布了《长三角 G60 科创走廊建设方案》，明确"中国制造迈向中国创造的先进走廊、科技和制度创新双轮驱动的先试走廊、产城融合发展的先行走廊"的战略定位，提出到 2025 年基本建成具有国际影响力的科创走廊和重要创新策源地。2021 年 3 月，"瞄准国际先进科创能力和产业体系，加快建设长三角 G60 科创走廊和沿沪宁产业创新带，提高长三角地区配置全球资源能力和辐射带动全国发展能力"写入《中华人民共和国国民经济和社会发展第十四个五年规划和 2035 年远景目标纲要》。2022 年，《科技创新与产业发展深度融合的鲜活样本——长三角 G60 科创走廊策源地的实践与启示》刊发，作为高质量发展地方经验进行推介。2023 年 12 月，长三角 G60 科创走廊被写入上海加快"五个中心"建设，被赋予新的重大使命。

3. 从引进模仿的跟跑者转变为自主创新的领跑者

过去，松江外向型经济占主导地位，区内一家电子信息代工企业贡献了全区一半的工业产值，企业自身研发、销售"两头在外"，利润被挤占的根源是自主创新能力不足。在长三角 G60 科创走廊引领下，松江全社会研究与试验发展（R&D）投入强度由"十二五"末的 3.58% 上升到目前的 6.79%，创历史新高，其中超过 91.4% 研发投入来自市场主体。截至 2023 年底，全区集聚国家级专精特新"小巨人"企业 83 家、市级"专精特新"企业 1219 家，总量保持上海各区第二。工业战略性新兴产业总产值占规上工业总产值比重、高技术产品出口额比重均为全市最高。2023 年，松江区市级高新技术成果转化项目立项 99 项，排名全市第二。全区有效专利总量 9.26 万件，较"十二五"末增长 355%；每万人口有效发明专利拥有量 64.55 件，较"十二五"末增长 192.7%；院士（专家）工作站累计建站 97 家，位居全市前列。①

聚焦"卡脖子"技术突破攻坚，发挥头部企业引领作用，"0 到 1"重大自主创新"核爆点"持续迸发。如，在集成电路领域，450 毫米集成电路用晶体生长系统、全球最先进的 ALD 光伏工作母机、ArF/KrF 高端光刻胶核心技术、CMOS 图像芯片、物联网和无线通信模组等在"缺芯"寒潮下扛起国产替代重任。在生物医药领域，同联制药 1 类抗生素新药可利霉素正进行降低新冠病毒复制率等临床试验，瑞钼特高端影像 CT 设备球管用钨铼合金靶材、复宏汉霖小细胞肺癌单抗药、华道生物 CAR–T 细胞免疫全自动生产设备等填补国内空白。在脑科学和人工智能领域，生物节律紊乱体细胞克隆猴、高比例胚胎干细胞嵌合体猴和强迫症样猕猴技术领跑全球，腾讯 G60 智算中心算力 + 模型大幅提升 GPU 利用率和大模型通信性能。在新能源领域，正泰集团形成了光伏发电、液冷储能、智能控制系统等核心产业优势，多家清洁能源民营企业技术和工作母机全球领先并主动服务"一带一路"建设。在卫星互联网领域，成功发射了"松江号"和"G60 号"等实验卫星并组网，长三角首个卫星制造灯塔工厂格思航天 2023 年 12 月投产下线，加快实施 G60 星座，打造低轨道、高通量多媒体卫星网络产业集群。

（二）以落实国家重大战略任务为牵引，深入贯彻习近平经济思想是制胜要诀

1. 完整准确全面贯彻新发展理念，坚定不移深化供给侧结构性改革

习近平总书记指出，理念是行动的先导，一定的发展实践都是由

---

① 资料来源：《关于上海市松江区 2023 年国民经济和社会发展计划执行情况与 2024 年国民经济和社会发展计划草案的报告》。

一定的发展理念来引领的^①。松江始终秉持新发展理念，实施供给侧结构性改革，做好"增加区域协同合力、减少低效发展空间、放大创新乘数效应、破除体制机制障碍"4篇文章，提高全要素生产率。在产业用地逼近"天花板"的形势下，对低效空间做减法，通过整治违法用地等举措腾出近7平方公里土地。同时，敢破善立打造产城深度融合示范区、城市有机更新实践区，着力建设长三角G60科创走廊的创新策源地，吸引了一大批先进制造业百亿级项目，初步实现经济脱虚向实、转型升级，经济结构、质量和效益不断优化提升，开启了长三角G60科创走廊供给侧结构性改革新篇章。

2. 强化科技创新策源功能，加快关键核心技术颠覆性突破成链

松江坚持创新是第一动力，牢牢把握技术逻辑、市场逻辑、治理逻辑的有机统一，把科创驱动作为长三角G60科创走廊高质量发展的根本命脉，瞄准集成电路、脑科学、人工智能等前沿领域，选取39个"卡脖子"工程和颠覆性技术作为重点突破方向，加大企业研发投入力度，形成"从0到1"的创新突破。上海超硅半导体股份有限公司是松江土生土长的IC级大硅片企业，近年来计划新建的一条生产线，将打破长期以来美、日、韩等发达国家的技术封锁和市场垄断。然而，突如其来的新冠疫情，加之海外对先进技术及装备的管制收紧，让公司一筹莫展。松江召开800多次协调会，帮助企业解决了股权变更、设备采购资金等一系列问题。目前，企业自主研发的450毫米大硅片打破了国外大尺寸硅片制造技术的垄断，300毫米大硅片已经获得台积电、英特尔等全球前二十大晶圆厂中18家的量产订单。加强资源聚集和先期培育，大力招引科研机构来松江共建重大创新平台、新型研发

---

① 《深入学习坚决贯彻党的十九届五中全会精神　确保全面建设社会主义现代化国家开好局》，《人民日报》2021年1月12日。

机构等，争取国家重大改革、重大平台、重大项目在松江先行先试、落地落实，现已集聚 G60 脑智科创基地、上海航空测控技术研究所、郑颂国实验室、腾讯优图实验室、腾讯安全科恩实验室等高水平重大科技创新平台。2023 年以来，G60 脑智科创基地成功构建全球首例高比例胚胎干细胞嵌合体猴，松江获市级以上科技奖励 33 项，克隆猴、嵌合体猴、大硅片、光刻胶、新型航空发动机、G60 星座等 12 项科技成果参加上海科技创新成果展，长三角 G60 科创走廊策源地国家战略科技力量加速集聚。聚焦"从 0 到 10"全过程创新，制定实施《长三角 G60 科创走廊联合攻关行动方案》，开展任务型、体系化关键技术联合攻关，保隆霍富（上海）电子有限公司等的一批攻关项目获 2023 年度长三角科技创新共同体联合攻关立项。做实 G60 创新研究中心，成立并实体化运作 G60 知识产权保护协作中心，推动高新技术企业互认，科技成果拍卖常态化，让科创要素自由流动。

【专栏 3-2】松江区重大科技创新平台基本情况

1. G60 脑智科创基地

2018 年 9 月 17 日，在世界人工智能大会上，松江区人民政府和中国科学院神经所 G60 脑智科创基地项目在上海签约落户。G60 脑智科创基地的建设目标是探索脑科学前沿领域，促进重大原创成果和关键技术突破，推动重大脑疾病模型研发和产业化，推动新一代脑科学与智能技术创新与转化。G60 脑智科创基地取得了脑科学领域引领性成果，发布了世界首套猕猴大脑皮层单细胞空间分布图谱。

2. 上海航空测控技术研究所

中国航空工业集团公司上海航空测控技术研究所主要从

事航空测试控制与动态仿真技术、动态信号处理和模态分析技术、在线状态监测及设备故障诊断技术、航空特种传感器技术、数据采集和信号处理技术等研发。

3. 郑颂国实验室

作为国际上"诱导性调节 T 细胞"的发现者，郑颂国在国内外免疫及风湿病学界均享有极高声望。从美国回国加盟上海交通大学医学院，他选择将实验室建在位于松江的上海交通大学医学院细胞和基因治疗研究院。

4. 腾讯优图实验室

腾讯优图实验室成立于 2012 年，隶属于腾讯社交网络事业群，是腾讯旗下顶级机器学习研发团队，在五官定位、图像理解等领域都形成了完整的解决方案，达到了领先的技术水平。优图实验室通过智能云服务、智能硬件、行业解决方案等多元化的产品策略，大力推动人工智能技术的广泛应用，通过人工智能提升互联网使用体验。

5. 腾讯安全科恩实验室

腾讯安全科恩实验室是腾讯安全旗下一支国际化的信息安全团队，技术实力和研究成果达到国际领先水平。自 2016 年成立以来，不断深入探索产业物联网信息安全，通过产品和服务将安全能力转化成护航产业互联网的安全生产力，助力各行各业数字化升级发展。主要研究 AI 安全、车联网安全和物联网安全等方向。

科恩实验室团队 3 次摘得国际顶级黑客大赛 Pwn2Own 总冠军，并打破历史成为首个获得 DEF CON CTF 赛事冠军的中国团队。

2019 年，腾讯安全科恩实验室被授予"2019 年上海市公共互联网网络安全工作先进集体"荣誉；2021 年，腾讯安全"嵌入式系统安全审计平台在物联网下的应用"脱颖而出，入选"2021 年工业信息安全优秀应用案例"。

资料来源：作者根据公开资料整理所得。

3. 着力推动科创与产业跨区域深度协同和深度融合，加快培育和发展以科技创新为引领的新质生产力

习近平总书记指出，科技创新能够催生新产业、新模式、新动能，是发展新质生产力的核心要素[①]。一方面，围绕发展新质生产力布局产业链，推进战略性新兴产业集群发展，是松江创新驱动发展的重要路径。超前布局 AI 大模型、工业互联网、卫星互联网、算力、新型储能等新领域新赛道，积极探索建立研发、中试、量产等环节高效衔接的科创产业融合发展体系。根据产业发展规划，松江聚焦人工智能、生物医药、集成电路等战略性新兴产业，制定"精准招商"路线图，确保精准对接招商，推动海尔、腾讯、正泰智电港等一大批制造业重大项目和头部企业落户松江。以产业链头部企业为引领，以商引商，吸附全球产业链、供应链上下游企业，加快产业深度转型升级。截至目前，人工智能、集成电路、生物医药、新能源等领域集聚了一大批优秀企业，科创驱动高质量发展的效应进一步显现，以先进制造业为特征的产业集群增长极效应势头强劲。坚持以数字化转型赋能产业发展和城市治理的发展理念，先行先试打造 G60 科创走廊数字经济创新型产

———————

[①]《加快发展新质生产力　扎实推进高质量发展》，《人民日报》，2024 年 2 月 2 日。

业集群，发挥数字领域科创优势，打造数字经济产业高地。

另一方面，建立并不断深化"央地联动、区域协同"的工作机制，强化产业链、创新链、供应链跨区域延伸，是松江服务科技和产业创新跨区域协同的重要方式。成立国家层面推进长三角 G60 科创走廊建设专责小组，实体化运作长三角 G60 科创走廊联席会议办公室，形成国家战略牵引、中央部委和省级政府指导、地方政府积极合作的跨省域科创廊道建设模式。构建九城"联盟＋基地＋园区＋基金＋平台"跨域合作体系，形成"1+7+N"产业联盟体系，在工业和信息化部、科技部指导下深入实施《长三角 G60 科创走廊"十四五"先进制造业协同发展规划》，聚焦战略性新兴产业和"专精特新"中小企业，成立 16 个产业（园区）联盟、13 个产业合作示范园区，出台联盟（园区）发展指导意见，实施汽车零部件、生物医药、智能物流装备等产业链高质量发展专项行动方案，务实推进产业链图谱绘制、产学研合作深化、专业性要素对接等专项任务。深化头部企业引领带动，制定并实施《关于支持长三角 G60 科创走廊以头部企业为引领推动产业链跨区域协同合作的实施意见》，推动将九城 1700 余家企业纳入 G60 大飞机供应商储备库，为大飞机装机设备领域输送的合格（潜在）供应商增幅超过 40%，促成重点企业与中国商用飞机有限公司成立联合攻关团队，自主研发 ARJ21 辅助动力装置，实现原位替换，满足自主可控。认定、培育九城一批龙头骨干企业，发挥垣信卫星科技有限公司、格思航天科技有限公司等企业"头雁效应"，提高产业链协同水平。

4. 聚焦精准制度创新和有效制度供给，构建市场化、法治化、国际化一流科创生态

习近平总书记指出，科技创新、制度创新要协同发挥作用，两个轮

子一起转[①]。松江坚持改革辟路，着力破除深层次体制机制障碍，营造国际一流的营商环境，不断降低制度性交易成本。联动九城和专业机构发布实施 G60 科创生态宣言，携手构建新发展理念指引下的科创生态，市场化、法治化、国际化的科创生态，开放共享、共建共生的科创生态，具有持续科创动力的科创生态以及具有更优营商环境的科创生态。

一是坚持以市场化为鲜明主线。发挥市场对要素资源配置的决定性作用，打破行政区划藩篱，服务构建全国统一大市场。积极争取并贯彻落实促进国民经济发展 28 条措施等系列金融支持政策，以创新主体云、基金云、互联网云"三朵云"激发市场的巨大潜力和市场主体的创新能力。在科技部指导下设立长三角首只跨区域科技成果转化基金——长三角 G60 科创走廊科技成果转化基金，以金融赋能科技创新成果产业化项目化。构建亲清政商关系，持续开展"清风护航 G60"专项行动，以一方风清气正的政治生态确保一方规范高效的发展生态。准确把握有为政府与有效市场的关系，率先建立跨省通办机制，发出全国首张跨省异地办理的工商登记执照，被国务院列为长三角政务服务"一网通办"首批试点，率先实现九城市 89 个综合服务通办专窗全覆盖和远程虚拟窗口上线，跨省通办事项超过 190 项，累计办件突破 100 万件。腾讯 G60 智算中心从供地到开工仅用 58 天，项目总进度比原定工期快了 1 年；G60 科创之眼项目在 2022 年疫情防控期间实现当年拿地、当年开工、当年结构性封顶，充分体现了"G60 速度"。

二是坚持以法治化为基础保障。着眼协同立法，取得三省一市人大支持。实体化运作 G60 知识产权行政保护协作中心，发布重点商标保护名录，加速创新要素跨区域流动。九城法院共同签署司法协作框

---

① 习近平：《为建设世界科技强国而奋斗》，《人民日报》2016 年 6 月 1 日。

架协议，启用 G60 知识产权检察保护中心、G60 公共法律服务中心。

三是坚持以国际化为重要标准。松江多次代表上海接受世界银行营商环境测评，为中国排名大幅提升作出重要贡献。着眼国内国际"两个扇面"，推动教育科技人才融合发展，出台并深化落实人才相关政策，筹措推出 1.7 万余套人才公寓，留学生落户松江人数同比增长442%[①]，外国高端人才和专业人才占外籍工作者的比例为 99.72%[②]。加快建设高铁客运和国际物流多式联运的松江枢纽，深化落实 G60 九城扩大开放的 30 条措施，发挥中阿 G60 合作发展促进中心、上合示范区 G60 协同创新中心等国际化载体作用，3 条中欧班列运行线、1 条中老班列运行线共同服务"一带一路"建设，深化国际贸易务实合作。

三、上海市松江区的实践启示

2024 年是中华人民共和国成立 75 周年，是实施"十四五"规划纲要的关键一年，是上海建设具有全球影响力科创中心重大历史使命 10 周年，也是九城共建共享长三角 G60 科创走廊并上升为国家战略重要平台 6 周年。多年来，松江创造性提出并持续推进建设面向长三角的 G60 科创走廊，开创了一条协同发展的新路径。

（一）坚决贯彻落实党中央决策部署，一以贯之推动新发展理念成为行动见到实效

松江能够在不长的时期内，实现重大转型跃升，其根本在于学习和践行习近平经济思想，并将其贯彻落实到经济社会发展的全过程和各领域。松江的经验表明，唯有政治过硬，才能本领过硬、作风过硬、

---

① 资料来源：2023 年松江区《政府工作报告》。
② 资料来源：《上海市松江区科学技术委员会 2023 年法治政府建设情况报告》。

成绩过硬，才能有信心有能力应对任何风险挑战。松江始终把贯彻习近平总书记一系列重要讲话精神作为根本遵循，以此为统领，结合松江实际，努力使习近平经济思想在基层系统集成、落地生根。松江的转型发展，是在土地等资源紧约束下推进的，必须坚持供给侧结构性改革，以土地资源利用方式转变，向规划要品质、向存量要空间、向科创要动力、向质量要效益，提高全要素生产率。依托长三角高素质的劳动者、高性能的劳动资料和高品质的劳动对象，通过制度创新打破行政区划制约，以生产方式的优化组合发展 G60 新质生产力。长三角 G60 科创走廊取得高质量跨越式发展，根本在于习近平经济思想的指引，在于新发展理念的真理力量，这是松江在乱云飞渡、风吹浪打的复杂外部环境下保持正确政治方向、增强战略谋划落地和穿透能力的关键。

（二）坚定大刀阔斧走出一条新路，必须以狠抓落实体现忠诚担当

20 世纪 90 年代，随着 G60 高速公路开通，松江进入快速城镇化和工业化时期，但随着原材料、劳动力、土地、环境等成本上升，劳动密集型企业处于产业价值链中低端的弊病凸显。到 2016 年，松江建设用地空间资源已经基本布满，也预示着松江第一波工业大发展到了瓶颈期，产业能级不高，传统动能式微，产业升级面临巨大压力。针对瓶颈制约，松江秉持新发展理念，落实上海市委、市政府"眼睛向西，大刀阔斧推进转型发展，走出一条新路"的要求，从土地要素驱动发展转为科创要素驱动发展；把以先进制造业为支撑的实体经济发展放在首位，将 1000 亩房地产用地调整为工业用地，把土地要素优先供给以先进制造业为支撑的实体经济。在九亭镇"五违四必"①等攻坚

---

① 违法用地、违法建筑、违法经营、违法排污、违法居住"五违"必治，安全隐患必须消除、违法无证建筑必须拆除、脏乱现象必须整治、违法经营必须取缔"四必"先行。

战的实践过程中，松江上下逐渐形成建设 G60 科创走廊的共识。松江的经验表明，新路不是想出来的，不是画出来的，是走出来、干出来的，甚至是从没有人走过的地方披荆斩棘开辟出来的。在转型发展攻坚克难的关键时刻，必须振奋不畏艰险、敢闯敢试的拼搏精神，勇做新时代的不懈奋斗者。松江以伟大建党精神为源头，全区上下形成了"秉持新发展理念，改革辟路、创新求实，唯实唯干、拼搏奋进"的良好作风，披荆斩棘闯出了一条新路，以自身发展的确定性对冲外部环境的不确定性。充分发挥全面从严治党的引领保障作用，坚持"狠抓落实就是忠诚担当"，注重在服务国家战略等一线考察识别干部。坚决整治形式主义、官僚主义问题，在全区干部中形成共识，不能陷于文山会海而错失发展窗口期，不能精于花拳绣腿而丧失战斗力，必须增强越是艰险越向前的斗争意识，勇当科技和产业创新开路先锋。

（三）坚持鼓励、支持、包容创新，让创新之火在新一轮科技革命和产业变革中呈燎原之势

上海市委高度重视厚植"开放、创新、包容"的城市品格，全力提升城市软实力，长三角 G60 科创走廊正是上海城市品格的生动体现。松江始终把营造鼓励大胆创新、勇于创新、包容创新的营商环境作为推动高质量发展、提升城市核心功能的关键一招，让城市处处涌动创新创业的激情。依法依规鼓励、支持、包容创新，为企业创新主体提供更好的服务，使其持续迸发创新活力；强化改革创新，着眼产学研联接、产融联接、城市群联接，通过构建顶层设计机制、资源共享机制、产业协作机制、创新合作机制、利益共享机制等，提高资源、资金、人才等要素流转效率，促进相互之间顺畅衔接和联动发展；强化金融赋能，引导金融机构加大对实体经济特别是小微企业、科技创新、绿色发展的支持力度，支持更多科技企业在科创板上市，推动科

技成果加速向现实生产力转化；强化人才支撑，大力营造"识才爱才敬才用才"良好氛围，让更多"千里马"竞相奔腾于长三角 G60 科创走廊。

（四）坚持区域协同发力，打破区域、部门行政壁垒，由点及面推动区域高质量发展

长三角 G60 科创走廊从最初松江 40 公里高速公路到联通嘉杭再到九城共建，离不开松江的努力，松江加快实施创新驱动发展战略，始终紧抓科技创新发展的"牛鼻子"，坚定不移推进长三角 G60 科创走廊建设。长三角 G60 科创走廊在全国率先探索建立了长三角"一网通办"试点机制，通过建设长三角 G60 科创走廊长三角"一网通办"栏目、推进通办审批服务事项标准化、设立长三角 G60 科创走廊综合服务窗，完成企业服务云一体化区域全覆盖、深化政府信息互联共享等措施，实现九城 89 个综合服务通办专窗全覆盖，跨区域可办理事项数量已经超过 190 项，跨区域办件累计突破 100 万件，大幅提高科创要素流动和配置效率；截至 2022 年 11 月，九城集聚省级以上产业创新中心 31 家，16 个长三角城市在松江设立产业协同创新中心，深度融入产业链供应链价值链；九城轮值举办 G60 人才峰会，成立长三角人才一体化发展城市联盟，出台互认互通人才 18 条政策，实施长三角 G60 科创走廊百万科创人才工程。成立推进长三角 G60 科创走廊建设专责小组及其办公室，研究提出 G60 科创走廊建设的重要规划、重要政策、重要项目、重要研究和年度工作安排，协调落实跨地区、跨部门重要事项以及需要中央政府予以支持事项，指导、督促、检查 G60 科创走廊建设工作。G60 科创走廊从 1.0 版的高速公路时代迈向 3.0 版的高铁时代，自九城共建以来，GDP 总量占全国比重上升到 1/15，市场主体数量占比从 1/18 上升到 1/15，高新技术企业数占比从 1/12 上升到 1/7，

科创板上市企业数超过全国 1/5，研发投入强度均值达 3.77%，战略性新兴产业增加值占 GDP 比重从 11.5% 上升到 15%，拥有全球高被引科学家数量占全国 11.6%，成为推进长三角一体化高质量发展的重要实践区，长三角 G60 科创走廊沿线形成了长三角区域发展活力最大、开放程度最高、创新能力最强的城市群，成为科创驱动"中国制造"迈向"中国创造"的示范样板。

第 四 章
江苏省产业技术研究院勇当中国科技自立自强的开路先锋*

* 本章引自沈和、金伟忻：《勇当中国科技自立自强开路先锋——江苏省产业技术研究院十年创新实践与启示》，《新华日报》2024 年 1 月 17 日。

加快实现高水平科技自立自强，是全面建设社会主义现代化国家的战略抉择，也是当前我国新型研发机构必须坚定扛起的重大使命和光荣任务。2014年12月13日，习近平总书记亲临江苏省产业技术研究院考察[①]，充分肯定其创新探索，勉励江苏要强化科技同经济对接、创新成果同产业对接、创新项目同现实生产力对接、研发人员创新劳动同其利益收入对接，形成有利于出创新成果，有利于创新成果产业化的新机制。总书记的重要嘱托，为江苏科技创新指明前进方向，并提供了根本遵循和强大动力。回望10年探索历程，江苏省产业技术研究院牢记嘱托，砥砺前行，勇于变革，逐步实现从建设江苏科技体制改革"试验田"到深度参与打造长三角国家技术创新中心的责任和能级跃升，交出了一份科技体制机制改革引爆技术创新持续突破的出色答卷，为新时代推进中国科技自立自强、加快发展新质生产力提供了生动示范和有益启示。

一、肩负使命，跻身全球科技创新最前沿

历经十年持续改革创新，江苏省产业技术研究院已经成为长三角地区集聚高端人才最多、催生新兴主体最多、搭建创新平台最多、突破领先技术最多，具有较强带动力和影响力的新型科研组织。

一是形成了大量前沿性颠覆性创新技术。截至2023年，累计承担企业委托技术研发服务超过2万项、国家和省级重点研发任务5000项，成为江苏由制造大省向制造强省跨越的引导力量。从创新成果水

---

① 《习近平：主动把握和积极适应经济发展新常态 推动改革开放和现代化建设迈上新台阶》，《人民日报》2014年12月15日。

平看，全球高端技术330余项。其中颠覆性技术近50项，国内首创技术超过110项，全球领先技术近170项。第三代半导体关键材料与生产设备、航空航天闭式整体构件整体制造、癌症靶向药、下一代动力电池材料等创新成果达到世界领先水平，多项技术获得国家科技进步奖。从技术服务领域看，新产业新业态新主体得到有力支撑。面向战略性新兴产业、未来产业和传统产业升级的成果占比分别为65%、10%和25%。从技术服务区域看，江苏省内占比45%，江苏省外占比55%，其中向长三角转移占比20%，为长三角一体化和全国高质量发展作出了积极贡献。

二是催生了大批智能化绿色化创新主体。累计培育新型创新主体1350家，成为江苏乃至长三角地区促进新质生产力发展主力军，基本形成第三代半导体产业链关键核心技术全球领先优势。产业技术创新的智能化绿色化特征鲜明，与重点园区、重点产业和重点企业深度融合、协同攻关，服务重点企业超过2万家，为江苏16个先进制造业集群和50条产业链智能化改造、数字化转型提供了有力支撑。其中，建成高水平应用技术研发机构77家，拥有研发人员1.2万人，知名院士领衔高端专业研究所达到21个。建成面向战略性新兴产业和未来产业创新型公司82家，在许多关键领域成功开发并量产一批世界领先产品。衍生孵化创新型企业超过1200家，其中上市和拟上市企业16家，建成高新技术企业167家，专精特新"小巨人"企业18家，成为引领新兴产业跨越式发展的时代标杆。

三是打造了众多国际化高端化创新平台。累计建成各类创新平台260余个，已经形成依托优势载体、汇聚创新资源、组织技术攻关、解决企业需求的鲜明特色和优势。其中，公共技术服务平台超过160个，中试线超过100条，拥有大型仪器设备超1200台/套，设备价值超60

亿元，有效提升江苏新材料、能源环保、材料技术、装备制造、生物医药等五大领域技术创新能力。其所属的半导体封装技术研究所、膜科学技术研究所等获批建设国家级制造业创新中心。先后在美国硅谷、英国伦敦等全球创新活跃地区共建海外创新平台 6 个，与海外 80 家和国内 104 家高校等机构建立了技术创新战略合作关系，广泛链接一批高水平国际化研发平台联动创新。

四是激活了多元一体融通增值创新资本。累计组织引导和带动各类创新资金投入超过 600 亿元。其中江苏省级财政专项投入 51 亿元，带动地方政府和重点园区投入超过 200 亿元，获得纵向科研项目合作经费超过 120 亿元，引导一批优势科技企业投入超过 150 亿元，累计发起设立 15 只科创基金，拉动社会资本首期投入 20 亿元，累计获得资本市场融资超过 50 亿元。省级财政投资拉动比达到 1∶11，示范带动效应非常明显，有效破解了长期困扰产业技术创新种子期初创期资金投入不足的历史性难题，形成了以财政为引领、园区为支撑、企业为主体、社会基金为保障、"多元一体、融通增值"的创新金融生态，为吸引更多全球领军人才落户长三角，开展前沿性颠覆性技术创新和成果转化，提供了独特和高匹配度的创新资本服务。①

二、十年改革，闯出创新驱动发展新路径

深入考察其十年创新实践，我们看到，江苏省产业技术研究院2013 年 12 月成立以来，坚定贯彻习近平总书记重要指示精神，始终秉持"研发作为产业、技术作为商品"的创新理念，坚持以服务产业

---

① 本部分数据由江苏省产业技术研究院提供。

技术创新需求为重要使命，紧紧围绕产业链部署创新链，完善人才链、资金链和价值链，着力破除制约科技创新的思想障碍和制度藩篱，推动科技管理机制创新与技术创新深度融合，构建最具创新力、竞争力和影响力的创新生态，成为中国科技自立自强的开路先锋，创造了新时代高质量发展的喜人业绩。

（一）紧贴创新需求，着力突破产业升级关键核心技术

关键核心技术是创新之要、制胜之本。江苏省产业技术研究院紧扣国家创新重大需求和地方企业技术创新急需，着力推动创新资源与企业需求有机链接，积极抢占全球技术制高点。

一是精准把握企业创新"真需求"。实践中，不仅看合作企业创新的技术需求是否真实可靠，更要看企业是否有意愿有决心拿出真金白银支持技术创新。因此，江苏省产业技术研究院始终坚持以企业是否出资作为技术"真需求""金标准"，以出资额度作为企业创新关键指标，精心谋划创新计划和落实关键措施。努力做到不与高校争学术之名，不与企业争产品之利，不与研发机构争专利之功，成功搭起政府、科研机构与企业、产业园区技术创新"连心桥"。截至2023年，先后与江苏353家细分领域龙头企业建立联合创新中心，累计征集企业重大技术需求1800余项，企业意向出资金额超过68亿元，先后组织全球揭榜并达成合作项目670余项，引导重点龙头企业技术投入近19亿元。[①]

二是组织技术联合攻关。坚持把整合相关创新资源作为重要抓手，精心组织企业与专业研究所、高校科研院所深度对接，协同开展跨区域、跨领域技术攻关。2019年，江苏省产业技术研究院围绕万邦医药

---

① 资料来源：江苏省产业技术研究院。

生物合成肝素抗凝药物开发技术需求，与美国北卡罗来纳大学达成 300 万美元创新合作项目。经过持续深入合作与协同攻关，目前生物合成肝素钠已完成技术研发，并获批临床试验，有效实现了百岁肝素产品技术革新重大突破。同年，江苏省产业技术研究院与江苏法尔胜公司成立联合创新中心，围绕碳纤维复合材料桥梁缆索的研发技术需求，对接中冶建筑研究院岳清瑞院士团队。法尔胜公司出资 300 万元，江苏省产业技术研究院匹配 300 万元，支持开展这一核心技术攻关，有效破解技术难题，成功填补了国内空白。

三是联合设立企业科技攻关资金。坚持把地方政府作为合作推进产业技术创新的重要依托，充分发掘和调动地方政府的积极性和创造性，先后引导昆山、宿迁、镇江、扬州、泰州、淮安、徐州和南京江北新区等地方政府和园区参与共建科技攻关资金。10 年来，江苏省产业技术研究院出资 7000 万元，撬动地方政府出资约 2 亿元，共同设立企业科技攻关资金，有效解决了一批重点企业技术创新资金供给不足的难题，为加快做大做强一批创新型领军企业作出了积极贡献。

（二）实行"拨投结合"，着力发挥财政投入雪中送炭效应

推进产业技术创新尤其是推进前沿性颠覆性技术创新，必须切实破解资金投入严重不足问题。江苏省产业技术研究院认真总结国内外经验教训，紧密结合江苏实际尤其是企业技术创新实际需求，深入开展调查研究，创造性实行财政资金"拨投结合"支持技术创新方式。概括而言，就是在科学评估基础上，对初创期重大原创性技术项目先期给予资金支持，研发成果获得市场融资后，按市场价格将前期投入资金转变为股权投资，促进财政技术投入资金实现循环利用，产生更大经济效益。

一是合理确定拨投比例。坚持以创新需求确定"拨"的金额和以

市价确定"投"的股比。2017年，针对第三代半导体关键核心材料氮化镓射频技术项目，江苏省产业技术研究院与苏州工业园区分别投入3000万元和6000万元。仅两年多时间，实现关键技术突破和国产化替代，技术水平国际领先，公司估值超过20亿元。碳化硅外延设备和高分辨光电子能谱仪国产化、靶向蛋白降解技术平台搭建与新药开发等一批引领性项目以"拨投结合"方式落地实施，助推一批战略性新兴产业和未来产业领先发展。

二是优化财政资金使用质效。既发挥财政资金对原始重大创新项目和团队的支持作用，保障研发团队早期研发的主导权，又利用市场机制确定支持强度和获得研发成果收益。近年来，累计投资重点技术创新项目82个，有11个已完成转股，其中2个项目估值超30亿元，2个项目超10亿元。江苏省产业技术研究院和地方政府对这批项目共同投入4亿元财政资金，快速升值到10.66亿元，资金升值超过1.5倍，吸引毅达资本、深圳市创新投资集团、高瓴创投等投资11.98亿元。财政科技投入形成更能升值、更可循环和更多共享的新优势。

三是营造创新创业宽松环境。对探索性强、风险性高的技术创新项目，江苏省产业技术研究院不与创新团队签订对赌协议，更加关注研发成果而非时效。对认真履行技术创新义务但难以达到预期目标的创新团队，坚持给予宽容处理，努力减轻创新团队的心理压力，得到创新团队普遍称赞。2023年，"拨投结合"创新机制，被国家发展改革委、科技部在全国推广，赢得上海等省市的好评。

（三）坚持团队控股，着力推动研发主体勇立创新潮头

江苏省产业技术研究院与地方园区、人才团队共同组建研究所，各方共同出资组建研发团队控股的运营公司。赋予研发团队技术路线决定权，研发成果所有权、收益权和处置权归属团队控股的

混合所有制运营公司，增值收益按股分配，极大释放创新团队创新激情。

一是遴选前沿高端技术研发团队。在全球聘请科技创新领军人才担任技术创新项目经理，建立专业研究所。先后在先进材料、能源环保、信息技术、装备制造、生物医药等五大领域建成77家专业研究所，聘请370余位项目经理，其中30%为外籍人才，43位为国内外院士。累计集聚全球高端人才3000多位，推动一大批原创性技术项目落地见效。

二是强化科研人员向心力、凝聚力。"团队控股"模式赋予科研团队更多权益，有效解决过去创新团队知识产权权属不清和内生动力不足等问题。让国有研究团队留得住人才，让民营研究团队吸引到人才，让各类科研人才"不用扬鞭自奋蹄"，创新热情充分涌流。先进激光技术研究所以300万元从中国科学院上海光机所买断原始创新技术所有权，二次开发形成多普勒测风激光雷达技术并小批量产品试制，市场估价达到8000万元，团队享有70%的权益，成立南京牧镭激光公司，8年时间公司估值达到15亿元，2023年销售额达到4.2亿元。中国非晶和纳米晶带材工业化生产奠基人、安泰科技股份有限公司首席科学家周少雄牵头创建的先进能源材料研究所，原公司18位博士全职加入研发团队，落户在常州高新区开展新能源前沿技术攻关，形成一大批国际一流自主创新产品，成为央企混改的先进典型。

三是加强"合同科研"绩效考评。构建定向服务企业与市场评价机制，重点考核研究所向企业提供技术转移、技术投资和技术服务等绩效。以企业横向创新经费为重点，对横向经费与纵向经费设置不同权重。设立科技奖项指标，鼓励和培育重大标志性成果，对国家级、省部级科技奖项设置不同权重，鼓励通过核心技术创新争取获得国家科技进步奖，突破"卡脖子"技术，不断为服务国家重大技术创新贡献积极力量。

（四）强化国际合作，着力链接全球高端技术创新资源

开放创新是抢占全球产业技术制高点的重要途径。江苏省产业技术研究院坚持以全球眼光和国际视野，积极构建高水平开放创新格局，主动融入全球产业技术创新网络，着力打造吸引全球创新资源强磁场，架设全球创新资源与江苏创新发展深度链接的纽带和桥梁。

一是深度融入全球科技创新网络。大力集聚全球高端创新资源。先后与伯明翰大学、牛津大学、帝国理工学院，哈佛大学、密歇根大学、加州大学伯克利分校，蒙纳士大学、悉尼大学，弗劳恩霍夫协会等85家海外战略合作高校机构建立战略合作关系，形成覆盖全球重要国家和地区的创新资源合作网络。在伦敦、休斯敦、硅谷等全球创新活动最活跃地区建设8个海外代表处，聘请当地高端人才引进创新资源，对接国际先进创新项目及团队，深化国际交流合作。如硅谷代表处与北大校友会（SV1898）合作，与苏州高新区实现资源共享；休斯敦代表处聚焦生物医药产业领域，与苏州工业园区实现资源共享。这些平台作为引进海外项目和促进国内科技企业进入海外的双向孵化平台，成为江苏联结海外高校、科研机构创新合作桥梁。积极发挥外资研发中心应用研究和技术创新溢出效应，与外资企业研发中心共建全球创新伙伴战略合作关系，推动外资研发中心与长三角区域内的创新要素深度融合。先后与飞利浦、杜邦、达索等23家外资龙头企业共建全球创新伙伴关系，探索合作模式，加速国际创新资源集聚。如与飞利浦共建了首个联合创新实验室，在合作框架下双方将重点开展高端医学影像行业前沿技术探索，合作支持"从0到1"的创新课题，并依托项目开展工程类人才培养。

二是深度融入国际创新机构。积极承担世界工业技术研究组织协会（WAITRO）秘书处工作。2017 年，江苏省产业技术研究院加入WAITRO。2018 年 11 月—2022 年 11 月，与弗劳恩霍夫协会共同承担 WAITRO 秘书处工作。以 WAITRO 为纽带，积极探索与"一带一路"沿线国家和地区的科技创新合作。在江苏省产业技术研究院与弗劳恩霍夫协会共同推进秘书处工作的 4 年中，双方通过线上、线下相结合形式，组织 60 余场工作交流会议及技术创新研讨活动。联合德国办公室发起 3 项创新合作计划，向 WAITRO 会员网络推荐江苏 40 余项科技合作项目，与高水平海外科研院所签署战略合作协议 2 项，发展 7 家科研院所及企业成为 WAITRO 会员单位。2018 年，承担国际智能制造联盟秘书处和产业委员会工作，连续多年统筹组织世界智能制造大会工作，累计组织 30 余个国家和地区的智能制造领域 1300 余名专家学者参与技术研讨、成果推广、产业合作。组织海内外国际会展 20 场次，引进推荐 62 家机构，对接 100 余位专家，落地实施合作项目 10 余项。积极促进国际创新项目合作。2019 年与英国驻中国使领馆共同举办英国科技创新周活动。发起举办全球产业科技创新合作大会。2024 年 1 月在南京成功召开首届全球产业科技创新合作大会，吸引来自美国、英国、德国、加拿大、澳大利亚、俄罗斯等近 30 个国家的近 100 位外籍参会代表，分享国际创新合作的有效做法、探讨新型合作模式。同时邀请重点产业领域近 30 名海内外院士，数十所高校院所和数百家国内企业 400 人参会，聚焦前沿产业技术，分享最新科技成果和创新应用，有力促进了国际创新合作，形成较大的国际影响力。

三是积极深化多层次创新合作。依托江苏对外合作优势条件，主动配合江苏省发展改革委、江苏省科技厅、江苏省商务厅、江苏省外事办公室，积极参与江苏省与德国北威州、巴符州，美国加州、得州，澳大利亚维多利亚州，以及新加坡、芬兰等国家的合作平台交流活动。积极争取科技部驻外机构支持，与英国、美国等驻外机构紧密合作，拓展创新资源集聚渠道。与此同时，积极发挥海外华人组织作用，如中国旅美科技协会、美国华人工程师协会、德国华人教授协会、德国华人工程师协会、全英华人教授协会等，积极联络全球技术创新合作资源。充分发挥海外合作网络及代表处作用，积极推进国际科技合作交流，赢得海外合作伙伴广泛认可。2020年以来，新增海外知名大学等战略合作机构36家，先后与飞利浦、杜邦、达索等23家外企合作建立全球创新伙伴关系。

（五）深化产教融合，着力打造国际一流高端人才团队

江苏省产业技术研究院面向全球打造高端创新团队，着力构建以战略科学家为引领，科技顶尖人才为骨干，卓越工程师、大国工匠、高技能人才为支撑，精英荟萃、人尽其才、国际一流的产业技术创新人才生态。

一是集聚创新精英。累计集聚全球高端科技人才3000多人，推动一大批原创性技术项目落地见效。2022年，极限精测与系统控制研究所所长、江苏集萃苏科思有限公司首席执行官汉斯·杜伊斯特，引进荷兰高科技模式，为半导体设备厂商提供一系列解决方案，有效促进中荷企业合作共赢，荣获2022年度中国政府友谊奖。2017年，半导体封装技术研究所引进集萃研究员姚大平，开展基于三维堆叠扇出型晶圆级技术的新型存储器封装技术研发，孵化了江苏中科智芯集成科技有限公司，已建成月产能万片生产线，融资2.5亿元，公司估值达到20亿元。

二是培育企业领袖。企业领袖是创新核心力量。通过项目经理、

"拨投结合"、综合评价与专业指导等方式，累计培育技术创新领袖 82 位。2020 年，引进项目经理晏培杰，创办苏州亿创特智能制造有限公司，实现定制化辊压型材的研发和生产服务，成为比亚迪、宁德时代、宇通客车等龙头企业的关键零部件型材提供商，销售额从 2021 年的 3000 万元跃升为 2023 年的 2.7 亿元，公司估值达到 15 亿元。

三是加强人才培养。2019 年，启动"集萃研究生"培养计划，与高校院所联合培养产教融合人才近 6000 名。争取省教育厅支持将"集萃研究生"培养纳入高校招生计划并单列指标，先后与东南大学、兰州大学、大连理工大学、四川大学、重庆大学、西交利物浦大学、中国矿业大学、南京工业大学共建高校集萃学院。同步打造以长三角先进材料研究院等集成创新平台为主体的联合培养平台。积极组织学生参加集萃创新杯、集萃大讲堂等活动。高标准建设集萃导师库，围绕重点产业技术开发专业教学课程。上线运行集萃研究生培养数字化信息系统，实现全流程可视化管理。2021 年，江苏省产业技术研究院"新型研发机构科教融合培养产业创新人才"创新举措，被国家发展改革委、科技部列入"十四五"全面创新改革任务清单，成为全国产教融合人才培养的重要标杆。

（六）凝聚创新合力，着力构建长三角一体化创新格局

推进长三角一体化发展是国家重大区域发展战略，加强科技创新和产业创新跨区域协同是提升长三角一体化发展水平的关键环节。江苏省产业技术研究院深度落实这一国家战略，奋勇担当产业技术创新的先行军。2021 年 6 月，长三角国家技术创新中心在上海张江揭牌运营，标志着江苏省产业技术研究院扛起服务长三角一体化技术创新重要使命。两年多来，上海和江苏"一套机制、一个团队和一体化管理"方式有效运行，成效明显。

一是一体化共建创新载体。已经联合共建 21 家专业研究所、5 家技术创新中心，有力支持了创新载体一体化发展。整合长三角创新资源共建长三角先进材料研究院，重点吸纳长三角区域的材料领域优势研发机构和行业龙头企业参与共建，并发起成立长三角高校先进材料创新联盟、材料学科长三角创新联盟、材料领域重点实验室长三角创新联盟等，着力建设长三角先进材料一体化技术创新先锋。二是一体化实施重大技术创新项目。新增海外知名大学等战略合作机构 27 家，新聘项目经理 200 余名。引进澳大利亚蒙纳士大学李健院士团队实施抗超级细菌创新项目，2023 年 5 月，由李健院士团队、上海长三角技术创新研究院、江苏省产业技术研究院、泰州市产业技术研究院和中国医药城五方共建，协同创新。三是一体化解决产业共性技术需求。上海与江苏两地新建企业联合创新中心 322 家，跨区域征集解决产业技术需求。针对纺织行业共性难题"复合功能纤维材料开发"，联合上海、江苏各两家企业共同出资，以"众筹科研"方式委托先进纤维材料研究所技术攻关，取得显著成效。

三、启迪未来，锤炼新质生产力强引擎

江苏省产业技术研究院十年改革探索，成绩令人瞩目，经验弥足珍贵。近年来，国内外特别是东部沿海发达省市的地方政府、科研院校、重点企业纷纷组团，前往江苏省产业技术研究院考察学习和寻求合作。央视等许多重要媒体也高度关注和积极宣传其成功做法和经验。江苏省产业技术研究院已经成为展现江苏和长三角地区推进产业技术创新的一张重要名片。展望未来，新质生产力发展方兴未艾，中国式现代化建设前景无限美好。贯彻落实好习近平总书记的重要指示精神，

推进"科技自立自强走在前"是重中之重，勇当科技自立自强开路先锋是光荣使命。江苏省产业技术研究院创新实践带给我们许多有益启示。

（一）在助力国家科技自立自强上走在前，必须坚定扛起国家创新发展战略使命，着力增强数字化时代全球竞争力

加快实现高水平科技自立自强，是全面建设社会主义现代化国家的战略抉择，必须坚持创新在我国现代化建设全局中的核心地位，必须有一大批勇于善于担当国家创新重大使命的开路先锋。江苏省产业技术研究院2013年在新时代应运而生，勇挑重担，不负使命，积极整合高端创新资源服务国家创新战略需求，以非同一般的创新实践和非常过硬的创新成果成为引领产业技术创新的重要标杆。实践表明，面对数字化时代全球更趋激烈的科技竞争和创新要求，必须坚定不移推进创新驱动发展战略，努力拥有更具持续性的创新定力、更有前瞻性的创新布局、更富创造性的创新力量、更多引领性的创新成果，加快实现高水平科技自立自强，勇当我国科技自立自强开路先锋，切实担当好国家科技创新格局中第一方阵重要使命。

（二）在助力国家科技自立自强上走在前，必须聚力突破前沿性颠覆性先进技术，切实掌控关键核心技术话语权

赢得新一轮科技革命和产业变革竞争主动权，必须增创技术领先优势。江苏省产业技术研究院着力聚焦新一代信息技术、人工智能、生命科学、绿色能源等前沿技术和脑机融合、光子芯片等全球先导性颠覆性技术博弈主战场，着力抢收新时代"科技红利"，积极打造国之利器，逐步成为有国际吸引力的技术创新高地。实践表明，面对日趋激烈的科技竞争和产业技术变革，只要准确把握市场竞争需求，持续加大研发投入力度，不断实现引领性颠覆性技术突破，切实掌控关键

核心技术话语权，就一定能够提升科技创新抗压、应变、对冲和反制能力，不断推动产业技术升级、企业做大做强做优，不断增强现代产业的国际竞争力和抗风险能力。

（三）在助力国家科技自立自强上走在前，必须加快集聚全球高端创新资源，努力增创高端人才引领新优势

创新发展本质上是人才引领发展。科技自立自强必须依靠更多优秀领军人才。江苏省产业技术研究院始终坚持把集聚全球创新资源特别是优秀领军人才摆在首要位置，大力集聚和培养战略科学家、科技顶尖人才、前沿技术创新团队、卓越工程师、大国工匠、高技能人才，精心打造适应数字化智能化绿色化时代发展需要的创新人才矩阵，努力形成依靠全球高端人才引领产业技术创新的独特优势。实践表明，越是前沿性颠覆性先进技术创新，越是需要集聚更多全球高端创新人才资源，构筑世界顶级创新人才高地。必须大力实施科技、教育和人才"三位一体"发展战略，落实更加有力的政策措施，真正实现以高素质人才推进和助力国家科技自立自强。

（四）在助力国家科技自立自强上走在前，必须精心营造高品质创新软环境，持续完善创新主体建功立业生态圈

高品质创新生态圈是推进科技自立自强、发展新质生产力的根本依托，必须积极主动适应新变化新要求，加快形成与中国式现代化建设相匹配的生产关系。江苏省产业技术研究院创新成功的秘诀在于，高标准建成协调有力、运营灵活和开放高效的科技管理新机制，有效破除制约科技创新的制度藩篱，显著激发各方面积极性创造性，真正实现了创新、创业、创投与创富的有机统一和良性互动，充分释放了各类创新主体的无限潜能。实践表明，面对全球新一轮技术革命和产业变革带来的新挑战、新变化、新要求，必须明确主攻方向和重点目

标，纵深推进科技创新体制机制改革和法规政策创新，着力打造政府和市场良性互动、合力并进双引擎，真正使市场在资源配置中起决定性作用，更好发挥政府作用，切实构建国际一流、更加宽松的创新生态，全面提升科技创新软环境，充分激发全社会创新创造的巨大活力和无限潜能。

第 五 章
佳木斯市建设高质量发展
"中国牙城"

一、佳木斯市的基本情况及背景条件

佳木斯市是黑龙江省地级市，位于黑龙江省东北部，东邻双鸭山市，西依哈尔滨市、伊春市，南接牡丹江市、七台河市、鸡西市，北邻鹤岗市。地处松花江、黑龙江、乌苏里江汇流的三江平原腹地，北隔黑龙江、东隔乌苏里江，分别与俄罗斯哈巴罗夫斯克和比罗比詹市相望，是中国陆地最东端的地级行政区，有"华夏东极"之称。佳木斯市是国务院批复确定的黑龙江省东部区域中心城市，以绿色食品工业和轻工业为主的内陆口岸开放城市，是中国对俄开放的重要前沿城市。现辖 4 个市辖区、3 个县，代管 3 个县级市，总面积 3.246 万平方公里，总人口 225.6 万人。2023 年，佳木斯市地区生产总值达 909.3 亿元，增速为 3.3%（见表 5-1）。

表 5-1　佳木斯市 2019—2023 年地区生产总值

年份	地区生产总值（亿元）	增速（%）
2019	816.2	7.5
2020	801.5	2.7
2021	827.8	7.5
2022	869.2	3.7
2023	909.3	3.3

数据来源：佳木斯市国民经济和社会发展统计公报。

高质量发展是全面建设社会主义现代化国家的首要任务。佳木斯市委市政府审时度势，把发展"口腔+"产业作为高质量发展的重要抓手，并制定了积极稳妥的发展战略，在资金、土地、科技、人才等方面从市级层面给予全方位的政策支持，形成了政府主导、企业协作、高校合作、社会参与，上下联动、整体推进的新格局。

【专栏 5-1】佳木斯市建设"中国牙城"的历史沿革

佳木斯市从创建口腔医学专业开始，艰苦创业、开拓创新，逐步建成了黑龙江省唯一的三级甲等口腔专科医院，带动形成了口腔医疗服务、口腔护理、义齿制造、口腔器材耗材销售、口腔技能人才培训等上下游紧密关联的区域口腔医学产业体系。从其发展历程看，主要经历了如下 3 个阶段。

1. 1974—1999 年，市场需求带动了口腔产业自发萌芽

20 世纪八九十年代，随着人口增长和经济发展，口腔诊疗需求逐步增加，带动了佳木斯市口腔医疗服务产业、义齿加工制造业、医药商业等起步发展。此阶段口腔诊疗需求大于口腔医疗服务供给，口腔医疗服务资源稀缺，佳木斯大学附属口腔医院成为黑龙江及东北三省的口腔医疗服务的主力军。

2. 2000—2019 年，有效需求增长拉动口腔产业不断成长

这一阶段，我国社会经济持续快速发展。口腔消费市场需求旺盛，国家频出支持鼓励政策，口腔新材料和数字诊疗技术广泛应用，口腔医疗服务模式、口腔市场消费模式都发生了巨大变化。佳木斯市口腔医疗服务产业规模持续扩大，公立医院口腔医疗服务能力不断增强，医疗技术水平持续提高；民营口腔医疗服务机构大量出现，服务领域不断拓展；数字化加工技术的广泛应用，推动了义齿加工制造业快速发展。

3. 2020—2023 年，战略引导口腔产业提质发展

这一阶段，我国社会经济进入高质量发展阶段，但受 3

年新冠疫情等不利因素影响，口腔医疗需求增势趋缓，佳木斯市人民政府审时度势，把发展"口腔+"产业作为新的经济增长点，全面推动"中国牙城"建设。

资料来源：笔者根据当地政府提供的资料及"中国牙城"发展规划资料整理所得。

佳木斯市建设"中国牙城"具备如下优势和基础：一是区位交通优势凸显。佳木斯是黑龙江东部区域中心城市，也是黑龙江省东北部地区政治、经济、科技、文化教育、医疗、商贸和交通的中心，交通便捷，接驳南北、通达江海。千古百业兴，先行在交通，其得天独厚的地理环境和便利的交通条件是建设"中国牙城"的基础保障。二是历史人文资源丰富。佳木斯市拥有全国六小族之一的赫哲民族风情，以及东北小延安、抗联发祥地、北大荒精神发祥地、三江流域文明等特色文化资源，丰富的历史人文资源吸引国内外游客前来旅游的同时，还有部分游客接受口腔健康检查与治疗，极大地促进了文旅与口腔产业的融合发展。三是对俄开放条件较好。佳木斯市位于东北亚经济圈中心地带，北隔黑龙江、东隔乌苏里江，分别与俄罗斯哈巴罗夫斯克和比罗比詹市相望，对俄边境线长 382 公里，拥有 7 个国家一类口岸和一个临时开放口岸，是我国对俄开放的重要前沿城市和对俄开放口岸最多的地区。目前，已与 153 个国家和地区形成了贸易往来，进出口总额近 150 亿元。佳木斯良好的边境口岸优势，极大地促进了与东北亚其他国家的合作发展。

佳木斯建设"中国牙城"面临如下重要机遇。

一是国家实施健康中国战略为佳木斯口腔产业带来了新的发展

机遇。随着健康中国战略的提出，国家开始重点关注人民健康和医疗卫生事业的发展，并在医疗改革、药品研发、知识产权保护等方面出台了相关政策，健康产业发展迅猛、市场前景广阔，将推动口腔医疗产业发展与人民对美好生活的向往相适应，促进口腔医疗服务、医药保健产品、营养保健产品、医疗保健器械、休闲保健服务、健康咨询管理等行业发展。国内口腔大市场消费需求将被充分激发，拉动口腔产业加速发展。产业上游国产品牌具有成本优势，在口腔医疗专业软件、高值耗材（种植体、正畸器械）等领域将推动国产替代；市场专业化经销将在"双循环"整体布局下，迎来规模化整合的机遇；行业龙头企业间国际合作将进一步加强，助力国内口腔产业升级。

二是国家实施"一带一路"倡议为佳木斯带来了重大的战略机遇。一方面，共建"一带一路"承载着各国人民对共同发展的追求、对美好生活的向往、对文明交流互鉴的渴望，未来将围绕政策沟通、设施联通、贸易畅通、资金融通、民心相通，持续深化合作，深入拓展健康、绿色、数字、创新等新领域合作空间，将进一步提高"佳木斯·中国牙城"同世界经济的连通性和共享性，扩大对外影响力。另一方面，"一带一路"沿线国家和地区从区域分布看，覆盖了东亚、东南亚、南亚、中亚、西亚、中东欧等地区；从土地面积看，占全球面积的 1/3 以上；从人口规模看，占全球人口总数的 60%；从国内生产总值看，占全球 GDP 的32%。"一带一路"沿线国家和地区以发展中国家为主，总体发展水平偏低，这让佳木斯迎来了更多的海外市场资源，带来了新的外贸经济增长点。

三是技术进步带来的行业变革为佳木斯口腔产业转型升级带来了机遇。技术持续迭代引发产业格局、商业模式重塑。伴随新技术在口腔领域产业化应用，远程诊疗、隐形正畸、数字影像、数字口腔诊疗中心、数字口腔医疗平台、牙科机器人、电子病历等加快普及与应用，"互联网+"的口腔运营生态逐步构建，将进一步推动佳木斯口腔产业转型升级。

四是省、市发展战略为佳木斯建设"中国牙城"提供了有力支撑。为推进全面振兴、全方位振兴，黑龙江实施产业振兴行动计划，高质量构建起"4567"现代产业体系，打造100条以上重点产业链，形成一批具有核心竞争力的优势产业集群。其中，着力打造数字经济、生物经济、冰雪经济、创意设计等经济发展新引擎，培育壮大航空航天、电子信息、新材料、高端装备、农机装备等战略性新兴产业，加快推进生产性服务业向专业化价值链高端延伸，生活性服务业向高品质和多样化转变，为助力佳木斯打造"口腔+"产业体系奠定坚实的产业生态基础。佳木斯全力推动"六区"建设、集中打造"八中心"，不断放大现代化区域中心城市的功能和作用，推进与周边资源型城市的协作对接，促进区域产业协同、设施互通、生态联治、服务共享，实现黑龙江东部地区一体化高质量发展，可持续为"中国牙城"建设扩大影响力与辐射范围。

二、多措并举全力建设佳木斯"中国牙城"

佳木斯以口腔产业为出发点和切入口，通过延链补链强链、产业融合发展等方式和途径，不断发展壮大"牙产业+"，积极探索政产学研深度融合的体制机制，打造体系化、平台化、网络化、数字化的特色口腔产业集群，使牙产业成为佳木斯市特色经济增长极，全面推动"中国牙城"建设，引领和撬动整个城市的经济社会发展，为实现东北老工业基地转型发展提供了一种新模式。

（一）科学编制"中国牙城"发展规划

一方面，制定"佳木斯·中国牙城发展战略规划（2024—2030）"。佳木斯市人民政府委托国研智库编制了"佳木斯·中国牙城发展战略规划（2024—2030）"（以下简称"规划"），规划包括正文和附件。其中，正文分为7个部分，附件为6个国内外口腔产业发展案例。规划以打造东北亚知名的现代特色牙城为目标，以"114710"战略思路为引领，以建立口腔全产业链为主线，以重大项目建设为突破口，加快构建以"口腔＋农业""口腔＋旅游""口腔＋文化"等"口腔＋"为特色的产业体系，不断夯实牙城建设的科技、人才、资金、品牌等要素支撑，积极开拓对外合作共赢新局面，将佳木斯打造成为中国一流、东北亚知名的现代化"中国牙城"。

【专栏5-2】"佳木斯·中国牙城发展战略规划（2024—2030）"

明确"中国牙城"的发展思路。佳木斯打造"中国牙城"的战略思路可概括为"114710"，即"围绕一个定位，探索一个模式，实现四轮驱动，加快七化建设，实施十大行动"。"围绕一个定位"即围绕"东北亚知名现代特色牙城"总体定位，通过建链延链补链，延伸"口腔＋"上下游产业链，竭力打造"口腔＋"产业集群。"探索一个模式"即探索全方位、全链条、全要素、全区域、全过程的牙城建设"五全模式"——"佳木斯模式"。"实现四轮驱动"即实现重大项目驱动、科技创新驱动、对外合作驱动、体制创新驱动。"加快七化建设"即推进口腔产业数智化、绿色化、融合化、集群化、品牌化、模式化和服务化。"实施十大行动"即实施特色优势产业培育行动、重大项目推进行动、特色园区建设行动、科技创新行动、人才引聚行动、招商引资行动、品牌营销推广行动、市内市外协作行动、营商环境提升行动、体制创新和政策争取行动。

制定"中国牙城"的发展目标。到2026年，预计全市引进口腔企业100户，口腔产业实现产值超过120亿元，"专精特新"中小企业达到20家，初步建成东北亚知名现代特色牙城。创新发展能力明显提升，口腔研发投入占牙产业增加值比例达到3%；营商环境明显改善，数字政府建设取得明显成效，政务服务事项全程网办率达到85%，开办企业天数明显缩短。到2030年，"中国牙城"口腔产业产值力争突破500亿元。"中国牙城"全面形成高质量发展格局，产业集群加速壮大，创新能力明显增强，医疗水平加快提升，发展环境持续优化，产业链、创新链、人才链、生态链、服务链深度融合，特色细分领域发展水平处于全国前列，全面建成东北亚知名现代特色牙城。

资料来源："佳木斯·中国牙城发展战略规划（2024—2030）"。

另一方面，编制"佳木斯中国牙城产业小镇规划"。佳木斯市人民政府委托中国中建设计研究院与佳木斯市国土空间规划研究院共同编制了"佳木斯中国牙城产业小镇规划"（以下简称"规划"），此规划按照代表性原则、整体有机原则、道路交通组织、绿色生态及可持续发展原则以及经济性原则，充分借鉴国内外产业园区的规划经验，探索转型升级、内涵发展的新路径，致力于将佳木斯"中国牙城"产业小镇打造成"生产、生活、生态"三生融合的产业小镇。

【专栏 5-3】佳木斯"中国牙城"产业小镇基本情况

佳木斯"中国牙城"产业小镇核心区位于佳木斯西部郊区，北临友谊路城市主干道，西临近乡街主干道，南侧为农垦机场，总用地面积约 15 公顷[①]；周边 2 公里范围内还有占地面积约 121 公顷老厂区地块，将作为小镇的拓展区。小镇距离松花江畔仅 1.5 公里，距离市政府约 3 公里，距离佳木斯西高铁站约 3 公里，距离佳木斯客运西站 6.5 公里，距离火车站 9 公里，距离东郊机场 17 公里，区位条件良好，陆空交通便利。佳木斯市设立了"中国牙城"产业园一线指挥部，主管市领导兼任一线指挥部领导，负责"中国牙城"产业园一期建设的统筹协调。佳木斯"中国牙城"产业小镇高起点规划高标准建设，目前已经被纳入东北全面振兴投向领域，正在争取国家建设资金支持。

资料来源：笔者根据当地政府提供的资料整理所得。

（二）合理布局"中国牙城"的总体空间

围绕"中国牙城"的总体定位，积极构建了"一核引领、两区协同、轴带拓展"的总体空间布局，重点打造"一核、八园、多点"的产业空间布局。通过优化空间布局，提高园区承载力，推进产城融合，强化服务支撑，加强区域合作，提升辐射力，实现佳木斯牙产业高质量发展。

一方面，科学布局总体空间。立足佳木斯市域一体的空间布局，以中心城区为产业发展核心，合理划分产业区，形成产业发展轴带，

---

① 1 公顷 =0.01 平方公里。

构建"一核引领、两区协同、轴带拓展"的总体空间布局。"一核引领"即佳木斯中心城区，作为行政辖区内的综合服务中心，充分发挥综合服务、口腔科教、义齿制造等优势，重点建设"牙城产业小镇"，形成牙产业集聚区；"两区协同"即西部城市功能区和东部开放发展区；"轴带拓展"即牙城城市功能拓展轴和市域牙城产业拓展带。

另一方面，合理布局产业空间。依托区域资源禀赋和佳木斯产业基础，重点打造"一核、八园、多点"的产业空间布局。"一核"即牙城集中建设区，作为佳木斯"中国牙城"产业发展核心区，重点发展科教研发、医疗服务、智能制造等产业，配套发展康养休闲、高端服务等产业，引导口腔相关产业在空间集聚；"八园"即依托牙城集中建设区的"口腔＋N"产业园，在八大园区建设"口腔＋N"产业园分园，积极发展"口腔＋农业""口腔＋旅游""口腔＋文化"等口腔关联产业；"多点"即资源支点、产业支点、服务支点等。

（三）大力发展"口腔＋"产业

一是发展"口腔＋医疗"。佳木斯口腔医疗服务能力在黑龙江省属领先水平，目前已经形成了以佳木斯大学附属口腔医院为主体，以综合医院口腔科门诊和280多个民营口腔诊疗机构为基础的口腔医疗服务体系。其中，佳木斯大学附属口腔医院是口腔诊疗服务的主体机构，其口腔医疗服务占据了黑龙江省1/3以上的终端市场。佳木斯大学附属口腔医院是东北三省最早建立的口腔专科医院，是黑龙江省唯一的三级甲等口腔专科医院，口腔诊疗设备先进，口腔医技人员充足，不仅服务于本地常住居民，还服务周边鹤岗、鸡西、七台河、双鸭山等县市居民，是黑龙江省东部区域口腔诊疗的主力军。综合医院口腔科门诊和民营口腔诊疗机构，则是口腔诊疗服务的补充力量，承担着佳木斯本地民众口腔疾病的日常诊疗。

二是发展"口腔＋教育"。近年来，佳木斯市委、市政府鼓励院校、企业开展口腔医护、义齿种植、牙齿矫治、数字化活动义齿等专业教学。其中，佳木斯大学口腔医学院是黑龙江省规模最大、专业最全、软硬件设施最好的口腔医学人才培养基地，口腔专业教育能力位于全国前列，累计培养了4000多名本科生、900多名研究生以及住院医师等各层次人才，为佳木斯口腔医学产业发展提供了有力的人才保障。佳木斯大学口腔医学院口腔医学专业被教育部批准为国家级特色专业，是我国东北地区最大的口腔教学、医疗、科研基地。黑龙江省林业卫校是国家级重点中等职业学校，是黑龙江省首批卫生类唯一一所国家级中等职业教育改革发展示范校，全国职业教育先进单位。其中，德标口腔修复工艺与德标口腔护理两个专业引进了"德标"双元制教学模式，重视实践与教学一体化培养，是首批国家级示范校重点建设专业。佳木斯职教集团的义齿制造专业是校企合作共建特色学科，创建了"产教融合、阶梯培养"的人才培养模式。佳木斯市佳日职业技能培训学校以培养义齿加工制作技师等为主，初步形成企业技师培养长效机制。

三是发展"口腔＋制造"。佳木斯的义齿加工制造业经过多年发展，已形成了一定的规模，目前已经集聚了12家义齿加工制造企业，贡献了黑龙江省1/4以上的义齿加工制造产能，涵盖多种材质的经济型、中端型、高端型义齿产品，3D打印矫正器，义齿附加产品等。其中，佳日齿业是佳木斯义齿制造头部企业，引入了数字化纯钛支架计算机切削技术、金属粉末激光打印技术和3D数字化种植导板的设计制作技术等，自行设计了打印制作的3D隐形矫治技术，填补了黑龙江省隐形正畸技术的空白。梓航齿业、德标义齿、齿康义齿等企业逐步提高了数字化水平，缩短了制作工艺流程，提高了口腔新材料的使用率，义齿加工制作能力和水平位居佳木斯前列。

四是发展"口腔+其他"。"佳木斯·中国牙城发展战略规划（2024—2030）"提出了发展"口腔+农业""口腔+旅游""口腔+文化"等产业，不断延伸"口腔+"产业链。如：推出佳木斯特色的"口腔友好型"食品、"口腔友好型"农副产品，培育和推广以有益口腔健康的农产品为特色的农业产业；结合佳木斯的自然和文化资源，发展口腔健康旅游产业，吸引国内外游客前来佳木斯接受口腔健康检查、治疗和康复，促进旅游和医疗的融合发展，打造"口腔+旅居""口腔+研学""口腔+康养"等特色旅游产品；通过"口腔+动漫""口腔+节庆""口腔+演艺""口腔+文创"等方式，强化佳木斯"中国牙城"的品牌形象。策划口腔主题的动漫，举办口腔文化节活动，如口腔健康周、口腔文化展览等。

（四）持续推进"中国牙城"科技创新

一是加快科研项目研发。2019年，由宿玉成教授带领的"新型生物医用口腔种植体及配套装备研发团队"项目入选了黑龙江省"头雁"计划。"头雁"团队项目成功创建了科研平台口腔医学工程实验中心、黑龙江省口腔生物医学材料及临床应用重点实验室，引进了多位口腔数字化领域首席专家，在数字化设计、精密切割、精准种植机器人临床应用等领域取得了技术突破，如：借助瑞医博口腔手术机器人顺利完成全球首例光学导航机器人辅助全口无牙颌种植及数字化即刻修复手术，实现了光学导航机器人从单颗牙到无牙颌的应用突破，创造了世界口腔种植之最；开展了数字化开口器的研究工作并申报国家实用新型专利，开展了临床病例的收集和基础研究，建立了黑龙江东部地区人群 CBCT 影像数据库；联合迪凯尔公司共同研发了精度全国领先的口腔种植手术机器人，实现了可视、微创、精准、智能的种植，单颗牙种植时间由 30 分钟缩短到 15 分钟，成为全国第三个获得许可并进入临床试验的种植机器人。

二是建设数字创意产业园。为落实黑龙江省提出的"数字龙江"战略，佳木斯市人民政府建成了佳木斯数字创意产业园。目前，园区入驻企业 168 家，已经形成了集数字、创意、电商、平台、总部等多种经济业态融合发展的态势，以数字赋能带动现代化产业经济园区的局面基本形成。特别是 360 集团在城市安全大脑、大数据安全靶场等方面的建设，为佳木斯口腔智能制造产业发展提供了保障。

【专栏 5-4】佳木斯数字创意产业园基本情况

佳木斯数字创意产业园于 2022 年 8 月正式开园，由龙高集团负责运营管理。该园是黑龙江省交通投资集团和佳木斯市郊区人民政府共同创建的"电商推广＋产品展销＋加工生产＋仓储运输＋物流配送"一体布局、产业链与供应链一体衔接、线上线下一体发展的综合性产业服务基地。目前，吸引了 360 集团、浪潮集团、山东翼盾控股集团等知名企业入驻。

佳木斯数字创意产业园主要打造包括佳木斯大数据安全靶场、数字城市安全大脑运营中心、网络安全人才培养中心、关键信息基础设施互联网安全应用中心、信创适配安全检测中心、新基建网络安全风险展示中心在内的佳木斯网络安全产业基地重大基础设施群，全力建设新一代网络安全能力框架体系。

资料来源：作者根据公开资料整理所得。

三是出台科技创新政策。2022 年，为加快数字产业化、产业数字化进程，佳木斯市出台了《佳木斯市发展数字经济实施方案》（以下简称方案）。为落实这一方案，佳木斯市人民政府又出台了《支持数字经济高质量发展若干政策措施（试行）》，并且制定了 18 项措施，包括延伸壮大数字产业链、推进产业数字化转型升级、推动数字技术创新与成果转化等，其中也包含了对口腔医疗智能制造产业发展的支持。2022 年，出台《佳木斯市加快提升科技创新能力支撑引领高质量发展若干措施》（以下简称措施），措施包含了加大科技投入力度、提升企业创新能力、着力建设创新载体、优化科技创新环境、促进成果转化五大内容，制定了 5 类市级科技创新平台建设标准，支持企业、院所依托科技创新平台申报各类科技项目，以科技项目支持企业、院所提升创新能力，落实各类项目资金 2845 万元。2023 年 1—10 月，佳木斯市新增省级创新平台 22 家，总数达到 80 家，同比新增 42.9%，其中省级工程技术研究中心新增 7 家，数量位列全省第二、增速位列全省第一。

（五）积极塑造"中国牙城"特色品牌

一是设计"中国牙城·佳木斯"标识展示品牌。2023 年 2 月，佳木斯市牙城工作领导小组公开征集了佳木斯"中国牙城"Logo。按照评选办法，经专家评选委员会评审，最终选定了"中国牙城"的 Logo 形象（见图 5-1）。该标识以"C"字为创意造型，融入"地球""白色牙齿""JMS""凤凰""三江交汇""三江平原"，表现了佳木斯"中国牙城"的内涵精神。标识字母"C"变形成"地球"，代表"CITY""CHINA"，"白色牙齿"代表"中国牙城"，字母"JMS"代表佳木斯，融入三江交汇，"凤凰"在三江平原腾飞，代表"中国牙城"佳木斯崛起，体现了佳木斯口腔教育科研高地、口腔医疗服务高地、口腔医疗产业高地、服务保障高地的定位。

图 5-1　"中国牙城·佳木斯"Logo 示意图

资料来源：佳木斯牙城工作领导小组公开征集。

二是做好口腔医疗服务维护品牌。为了塑造口腔医学专科品牌，佳木斯对内提效能，对外塑形象。专业的口腔医疗服务是佳木斯对外展示形象的重要窗口。近年来，佳木斯大学附属口腔医院集中优势资源，通过引进先进的数字化技术，不断更新数字化诊疗设备，建设数字化科室，推动数字化种植手术机器人临床应用，促进医院数字化转型，提升了口腔医疗专业技术水平。"看牙科到佳木斯"已是黑龙江省东部地区民众的共识。

三是组织各类活动宣传品牌。一方面，举办口腔健康宣传周活动。2023 年 9 月 18—22 日，佳木斯举办了首届以"口腔健康，全身健康，'中国牙城'作表率"为主题的"中国牙城"口腔健康宣传周活动。在宣传周期间，佳木斯市牙城工作领导小组办公室等单位和部门组织开展了口腔健康知识讲座、义齿加工企业走进社区、老年人口腔健康宣传等活动，并号召全市各级各类医疗机构口腔科室、诊所门诊，积极开展免费制定治疗方案、免费儿童防龋治疗、免费儿童窝沟封闭和洗牙费用减半的"三免一减"诊疗活动，提升了全市人民对口腔健康的认知和重视程度，加强了市民对"中国牙城"的认同感、归属感、自豪感。另一方面，开展口腔疾病筛查活动。为了增强儿童青少年爱牙护牙健康意识，佳木斯开展了大范围口腔疾病筛查。截至2023年10月，佳木斯已经进行了17次口腔健康宣教和儿童口腔健康筛查活动，培养儿童和青少年良好的口腔卫生习惯，为早期预防儿童和青少年口腔疾病作出了良好示范。

（六）多措并举持续改善营商环境

一是出台相关政策，优化营商环境。出台《佳木斯市2022年优化营商环境专项行动方案》等政策制度89项，制定成立中小投资者保护中心、"不动产登记＋继承公证"等创新举措86个，确定20项重点任务237项具体措施，通过以旬保月、以月保季、以季保年，加快推进优化营商环境任务落实。主动对标深圳、重庆等6个营商环境试点城市的先进经验，研究制定了《佳木斯市2023年优化营商环境专项行动工作方案》，明确305项工作目标和任务。

二是强化督导考评，提升营商环境。成立优化营商环境考核评价工作专班和督导问责工作专班，强化统筹调度、日常考评、工作督导，将优化营商环境工作纳入市领导班子"双创"目标考评体系，将优化营商环境专项行动纳入市委专项巡查、市纪委监委日常监督，形成压力传导和责任倒逼机制，构建起营商部门领唱、行业部门齐唱，全市一体作战、统筹推进的良好格局。

三是坚持改革创新，改善营商环境。佳木斯市充分发挥政务服务中心的作用，设立"一窗通办"综合窗口，推动564项政务服务事项"一网通办""就近办"，各项政务服务事项办理审批时限平均减少50%，提高了政务效率。设置"帮代办"专区，建立"帮代办"岗位联动机制，为企业提供"贴心管家"服务。成立首贷续贷服务中心，为企业提供政策解读、信贷咨询、产品推介、融资受理、银企对接等"一站式"服务，提高办贷效率。为破解土地二级市场交易规则不健全、交易市场不规范、交易信息不对称等突出问题，将建设用地使用权转让、租赁和不动产登记分属市自然资源局和市不动产交易中心两个部门、两个窗口办理的业务，通过职能整合、流程再造、信息共享等措施，"瘦身"为一个部门、一个窗口，有效提高了土地二级市场的精准服务和经营主体办理建设用地使用权流转、确权工作效能。成立优化营商环境专项整治办公室，制发了"受理投诉二维码"，聘任了规上企业、民营企业负责人和个体工商户，建立了营商环境监测点，重点监测并收集行政审批、政务服务、行政执法中出现的问题线索，为改善政务法治环境提供了信息支持。

三、佳木斯建设"中国牙城"推动高质量发展的重要启示

习近平总书记在黑龙江考察时强调"要以科技创新引领产业全面振兴"[①]。要立足现有产业基础，扎实推进先进制造业高质量发展，加快推动传统制造业升级，发挥科技创新的增量器作用，全面提升三次产业，不断优化经济结构、调整产业结构。整合科技创新资源，引领发展战略性新兴产业和未来产业，加快形成新质生产力。提高国有企业核心竞争力，引领民营经济健康发展，打造一批产业集群，做大做强实体经济。把企业作为科技成果转化核心载体，提高科技成果落地转化率。主动对接全国产业链供应链，在优势产业和产业优势领域深耕细作，更好融入全国统一大市场，在联通国内国际双循环中发挥更大作用。坚持绿色发展，加强绿色发展技术创新，建立健全绿色低碳循环发展经济体系。佳木斯紧抓机遇，打造牙生产、消费、服务全链条，具有鲜明地方特色和

---

① 《习近平在黑龙江考察时强调 牢牢把握在国家发展大局中的战略定位 奋力开创黑龙江高质量发展新局面》，《人民日报》，2023 年 9 月 9 日。

全国领先水平。以相关领域新质生产力为支撑的"中国牙城"，是深入贯彻落实习近平总书记重要讲话精神的关键举措，是推动佳木斯市高质量发展、构建新发展格局的重要抓手，对佳木斯发挥自身优势、创新发展模式、推进产业转型升级，在新一轮东北振兴中率先崛起，具有重要意义。佳木斯经验对其他地区具有如下几点启示。

（一）充分发挥自身优势，抢抓转型发展机遇

佳木斯深刻分析国内、国际形势，积极研究国家战略、政策。当下，全球科技创新进入空前密集活跃的时期，新一轮科技革命和产业变革深入发展，加速催生了基因检测、远程医疗、智慧医疗、个体化治疗等健康服务新业态和新模式，加快重塑全球产业价值链体系，口腔医疗产业将迎来蓬勃发展的战略机遇期。机遇与挑战并存，佳木斯面临着大宗商品价格增高，通货膨胀加剧，汇率不稳定，俄罗斯口腔医疗及康养需求收缩对佳木斯承接俄罗斯口腔医疗订单产生负面影响等多方面复杂多变的国际形势；疫情防控平稳后，经济恢复呈现波浪式发展、曲折式前进态势，经济回升向好，需要克服有效需求不足、社会预期偏弱等问题。佳木斯审时度势，在挑战中抢抓机遇，果断行动、乘势而上，主动求变、不断创新。东北老工业基地传统产业已经不适应经济社会发展的需要，迫切需要进行产业转型和结构升级，在立足本地口腔医学高等教育、职业技能教育、口腔诊疗服务能力、义齿加工制造等口腔产业基础上，充分发挥自身区位交通优势、历史人文资源优势和内陆开放口岸优势，把自身优势转化为发展新动能，探索牙产业引领经济社会转型发展新路径，建设以相关领域新质生产力为支撑的"佳木斯·中国牙城"，是产业融合发展具有本土特色的新型经济形态，可为东北老工业基地转型发展起到典型示范作用。

（二）坚持规划引领，助推城市高质量发展

佳木斯十分重视规划的作用，聘请高端智库和设计院分别制定"佳木斯·中国牙城发展战略规划（2024—2030）"和"佳木斯中国牙城产业小镇规划"。前者梳理和借鉴了国内外口腔产业发展较好地区的案例经验，归纳总结佳木斯口腔产业的历史沿革，用大量的数据客观分析发展口腔产业的基础条件、主要问题、有利条件、不利因素，是制定"中国牙城"规划的研究基础，在此基础上明确"中国牙城"的总体定位、发展思路和总体目标，为佳木斯市建设"中国牙城"指明了方向，再从空间布局、产业发展、项目建设、要素支撑、合作共赢、保障措施等各个方面支持佳木斯口腔产业快速发展；后者则是"中国牙城"的核心载体，对佳木斯口腔产业的发展起着至关重要的作用，二者缺一不可。佳木斯的经验表明，谋定后动，规划先行，做好战略规划能够提供清晰的发展方向和实施路径，有助于确定和实现长远目标，可以更有效应对内外部环境变化，预见潜在问题并及时采取应对措施从而减轻风险影响，实现长期稳定发展，对区域经济发展起到了至关重要的作用。

（三）做优做强特色产业是高质量发展的根基

佳木斯口腔医疗产业发展历史悠久，佳木斯医学院口腔医学系是国内最早建立的6个口腔医学院（系）之一。同时，佳木斯大学口腔医学院、佳木斯职教集团、黑龙江省林业卫校等院校和口腔专业医院使佳木斯在科研、医疗、产业等方面更具优势。近年来，佳木斯通过建设三级医疗网络体系，培育中小型口腔门诊及诊所，已经集聚了一大批口腔医疗机构和义齿制造企业。在此背景下，佳木斯审时度势，把发展口腔产业作为新的经济增长点，秉承"壮龙头、延链条、育未来、强支撑、攻项目"的"口腔＋"产业发展总体思路，集中要素资源打造集生产、制造、医疗、护理、康复、疗养等功能于一体的牙产业链，打造"口腔＋医疗""口腔＋教育""口腔＋智造""口腔＋旅游"等"口腔＋"产业集群，为区域经济高质量发展注入了新动能。发展特色产业能够充分开发利用当地特色资源优势，并围绕特定发展主线，更强有力地聚拢资金、技术、人才等各种优势资源，进而提升地区的品牌影响力和知名度，而且对经济社会全局和长远发展具有引领带动作用，对培育发展新动能、构建新发展格局具有重要意义，特色产业也是推动经济高质量发展的重要力量。近年来，我国特色产业推动地区经济高质量发展的成功经验很多，比如贵阳市作为中国西南地区的重要城市，通过大数据特色产业的发展，直接带动了数据存储、云计算、人工智能、物联网等相关领域的数字经济增长，成功推动了地区经济发展。这些特色产业推动地区经济高质量发展的成功案例为其他地区的产业发展在方向、路径和模式等方面提供了成功经验，也证明了这是一条可行的发展道路。

（四）坚持科技创新，推动产业转型升级

加快实现高水平科技自立自强是推动高质量发展的必由之路，也是佳木斯创新驱动发展的重要路径。近年来，佳木斯为了提升科技创新能力，以高校和科研院所为依托，大力发展高新技术产业，推动新旧动能转换，科技型中小企业蓬勃发展，形成了一批具有核心竞争力的企业集群。聘请了口腔医学领域内多名专家组建了科研团队，创建了口腔医学工程实验中心和重点实验室，在口腔数字化领域取得了技术突破。经过不懈努力，取得了极大成效。由此可见，佳木斯"中国牙城"的建设离不开科技支撑。佳木斯经验表明，科技创新是推动产业转型升级的根本动力，是培育新质生产力的关键，是推动地区高质量发展的重要引擎。在高质量发展过程中，应加快科技项目研发、强化关键核心技术攻坚、注重科技企业培育、推进科技平台建设等。

（五）加强城市品牌建设，提升城市软实力

佳木斯市通过设计外形独特、内涵丰富的标识 Logo 展示品牌，做好口腔医疗和诊疗服务维护品牌，组织口腔健康宣传周和口腔疾病筛查等活动宣传品牌，提升了市民对口腔健康的认知水平和重视程度，提升了"佳木斯·中国牙城"的城市品牌形象，具有对内凝聚民心、增强市民认同感和荣誉感，对外扩大影响力、提高知名度的重要作用。城市品牌驱动城市高质量发展，是一个城市区别于其他城市的特殊标志，是对外交流与合作的名片，更是推动经济高质量发展、提升竞争力的核心要素。

（六）打造良好的营商环境，助力经济提质升级

2021 年以来，佳木斯把优化营商环境作为培育和激发经营主体活力、增强发展内生动力的关键举措，出台了一系列政策措施和创新办法，如深化行政审批改革、规范涉企服务业务流程，营造务实高效的政务环境；提高涉企执法水平，营造公平正义的法治环境；加大金融、人才和科技政策扶持力度，提升服务经营主体的能力和水平等。不仅提高了企业办理业务的便利度，民众满意度也持续提升。随着营商环境持续优化，本地经济活力也进一步迸发，2023 年 1—10 月，佳木斯共达成签约项目 142 个，签约金额 544 亿元，利用内资 222.9 亿元，同比增长 3.2%。全市新设立外商投资企业 12 家，同比增长 100%；利用外资金额 1087.7 万美元，同比增长 167.8%，取得这些成绩离不开佳木斯不断优政策、抓落实、促创新的努力[1]。

---

[1] 《黑龙江佳木斯优化营商环境有实招》，《经济日报》2023 年 12 月 6 日。

佳木斯经验表明，营商环境是企业生存发展的基础，打造良好的营商环境，有助于企业做大做优做强，以龙头企业带动产业发展。因此，打造以市场化为引领、人性化为根本、高效化为基础、法治化为支撑、国际化为标准的营商环境，是实现高质量发展的重要保障。

第 六 章
柳州市"小米粉"成就"大产业"
助推生态产品价值实现

一、螺蛳粉产业发展历程

柳州市属亚热带季风气候，地处连接粤港澳大湾区与西南地区的重要节点，是中国西南地区的工业重镇，素有"桂中商埠"之称。据考古发现，柳州市食螺历史已有 2 万多年，明代时期已出现经营性米粉。

螺蛳粉作为一种特色小吃起源于 20 世纪七八十年代的路边小摊，因其汤料加入螺蛳熬制而得名。但是，"粉好吃却带不走"制约着柳州螺蛳粉产业化的进一步发展。随着米粉制作、物理杀菌、真空包装等食品生产及包装技术的提升，柳州市抓住机遇研发袋装速食螺蛳粉。螺蛳粉生产企业不断改进技术，延长产品保质期，研发出一代又一代既还原美味又可以长期保存的袋装速食螺蛳粉，为螺蛳粉走出广西、成为"网红"打下了基础。

2021 年 4 月 26 日，习近平总书记前往柳州市考察螺蛳粉产业发展时作出了"小米粉，大产业"的重要批示[1]。自此，柳州螺蛳粉产业成为柳州发展新的时代坐标。

近年来，柳州市把习近平总书记的嘱托作为螺蛳粉特色产业高质量发展的前进方向和强大动力，全力推动螺蛳粉产业规模、经济效益、社会效益持续提升。据柳州螺蛳粉产业发展中心数据，柳州螺蛳粉已入选中国品牌价值评价地理标志百强榜，截至 2024 年 5 月，全国柳州螺蛳粉餐饮门店约 4.9 万家。截至 2024 年 4 月，预包装柳州螺蛳粉销售收入 182 亿元。

---

[1] 《习近平在广西考察时强调 解放思想深化改革凝心聚力担当实干 建设新时代中国特色社会主义壮美广西》，《人民日报》2021 年 04 月 28 日。

从"路边摊"到"工业园"再到"销全球",柳州螺蛳粉经过政府引导、产业推动和品牌引爆等系统化路径成功"出圈",使柳州螺蛳粉产品火爆中国、扬名世界。

（一）政府引导

早在 2010 年,柳州市政府就曾制定"螺蛳粉进京项目",直到 2014 年,预包装技术取得突破,柳州市人民政府抓住这一机遇,开始大力发展袋装螺蛳粉产业。

2014—2015 年,柳州市制定螺蛳粉产业地方标准,当地政府规范引导达到一定资质的工厂升级螺蛳粉预包装;柳州第一家预包装螺蛳粉生产企业获得食品生产许可证,开始生产袋装螺蛳粉;成立柳州市螺蛳粉协会。

2016—2017 年,柳州市鱼峰区打造了建筑总面积约 6.5 万平方米的柳州螺蛳粉产业园;柳州市人民政府提出了打造螺蛳粉小镇的构想。

2018—2024 年,柳州市人民政府着力促成柳州螺蛳粉地理标志商标核准注册,促使螺蛳粉产业红利留在柳州。同时,柳州市出台了《柳州市大力推进柳州螺蛳粉产业升级发展的实施方案》《柳州市全面推进螺蛳粉产业升级发展的若干政策措施》《柳州市柳州螺蛳粉产业发展条例》《柳州螺蛳粉电子商务产业园扶持政策有关规定（2022—2024 年）（修订）》等一系列螺蛳粉产业扶持升级政策及产业发展条件。

10 多年来,柳州市人民政府持续投入人力、物力、财力,引导和扶持螺蛳粉产业的发展,力求让螺蛳粉走规模化、产业化、标准化、品牌化、国际化之路,这是螺蛳粉产业成功发展的基石。

（二）产业推动

凭借小吃带来的巨大的人流、物流、资金流,带动产业链不断延长，极大带动了当地的"文、旅、农、餐、食"行业，壮大产业集群，实现"一业旺，百业旺"。

文旅方面，连续举办 11 届柳州螺蛳粉美食节，以线上直播带货、线下活动展演的形式，汇聚各类网红螺蛳粉，打造正宗柳州螺蛳粉文化。农业方面，2024 年螺蛳养殖超过 6.5 万亩，参与螺蛳粉原材料种养殖的农民已经在 20 万人以上，人均年增收 9000 元以上。餐饮方面，柳州螺蛳粉产业发展中心数据显示，全国有柳州螺蛳粉餐饮门店超 4 万家。2024 年以来已经有螺蛳粉餐饮连锁品牌获得资本的青睐，螺蛳粉餐饮门店朝着连锁化、规模化、资本化的方向发展。食品方面，形成从上游原材料的种植到中游加工再到下游销售的全产业链体系。2023 年柳州螺蛳粉全产业链规上企业达 97 家，柳州螺蛳粉相关农业产业化重点龙头企业达 41 家。2023 年柳州螺蛳粉全产业链销售收入达669.9 亿元，同比增长 11.5%。

（三）品牌引爆

从柳州螺蛳粉在抖音平台 2019 年 1 月 1 日—2023 年 12 月 10 日的数据情况来看品牌如何助推柳州螺蛳粉从地方走向全国。

1. 第一阶段：流量引爆

热度从百位数突破到千位数，在 2019 年 6—9 月以及 2020 年1—3 月热度有一个波动性上升。

2019 年 8 月 6 日，某知名网红播出了制作螺蛳粉的视频，并在网店开售螺蛳粉。在此之前，螺蛳粉在淘宝上销量最好的几家店，月销量大概在十几万元或者几十万元，而在此之后，月销量一下上涨到百万级别，单个链接的月销量可以达到 100 万、200 万乃至 250 万元。

2020 年 1—3 月，随着"各地特色小吃为武汉热干面加油"营销热，柳州市抓住机遇，打造"广西螺蛳粉为武汉热干面加油"营销口号。螺蛳粉、方便面、自嗨锅、酸辣粉等速食食品迎来了普遍的销量爆发，螺蛳粉凭借其独特的"臭"进一步实现了热度扩圈。当时，螺蛳粉因为"怎么还不发货""买不到"频频登上热搜。特殊的居家场景以及独特的产品特点促使柳州螺蛳粉持续提高在全国各地的渗透率。

2. 第二阶段：多个企业品牌的涌现

网红品牌的火爆带动了整个螺蛳粉品类企业品牌的火热，如螺霸王、好欢螺、嘻螺会、柳江人家、臭宝、螺满地等。庞大的市场需求造就了在这一阶段各品牌的迅猛发展。

此外，各企业品牌也纷纷开始使用营销手段在品牌声量上下功夫，以期率先在消费者心中留下痕迹。以好欢螺为例，除去与头部主播合作带货将流量转化为销量外，还与乐事薯片、绿箭、元气森林、奈雪的茶等众多品牌或是知名 IP 联名互动，提高品牌在年轻群体中的渗透率。

3. 第三阶段：从协会到各品牌方的共同守护

在这一时期，随着关注螺蛳粉的人群基数越来越大，舆论中更容易出现相关负面信息。比如，2022 年 3 月 21 日热度暴涨的"脚踩酸豆角"事件。在事件发生的当天，柳州市螺蛳粉协会和各螺蛳粉品牌都及时对该事件做出了正面回应，没有使舆论的负面影响进一步扩散。危机公关的及时反馈帮助柳州螺蛳粉守住了发展的基本盘，协会与各品牌方共同维护了柳州螺蛳粉的健康发展。

如今，螺蛳粉已发展成为拉动当地经济增长的支柱产业，也成为柳州的城市名片。据统计，2023 年柳州市螺蛳粉全产业链销售收入为669.9 亿元，同比增长 11.5%，其中出口货值达 1.01 亿元，同比增长38.2%，远销全球 20 多个国家和地区。这是地方美食蝶变成为"网红"美食的优秀范例，也是工业城市用好工业思维发展特色产业的成功样板，也是一座三线城市依托"可食用的城市名片"推进城市形象传播的典型案例。

二、螺蛳粉产业发展路径分析

随着螺蛳粉的走俏，柳州这座广西最大工业城市顺势而为，成立加快推进柳州螺蛳粉高质量发展工作领导小组，统筹各行政部门，促进柳州螺蛳粉产业化、规模化、标准化、品牌化发展，打通了原材料种植养殖、食品加工、销售及配套服务等全产业链，实现了从"小米粉"向"大产业"的跨越式转型发展。广西壮族自治区党委政府、柳州市委市政府出台多项政策和措施，帮助柳州螺蛳粉产业发展。

（一）国家战略叠加赋能，强产业乘势而上

1. 落实生态文明思想，奠定产业发展基石

柳州市按照"宜农则农，宜业则业，宜游则游"的原则，把保护优先、自然恢复作为基本方针，规划建设柳州螺蛳粉产业高质量发展格局。一方面，提高土地利用效率。通过土地整治工程，保障螺蛳粉小镇、稻螺养殖及竹笋种植基地等生产用地需求。另一方面，开展生态环境修复工程。太阳河和百乐河是柳南区种植螺蛳粉原材料的核心水源，通过实施清淤疏浚、污水生态化处理、河道生态修复与提升等工程，减少水污染排放，保护水环境质量，提升原材料种植用水水质供给能力。

2. 实施乡村振兴战略，积极培育乡村新产业新业态

充分发挥柳州螺蛳粉产业在巩固拓展脱贫攻坚成果和全面推进乡村振兴中的辐射带动作用，突出配料"柳"产的核心竞争力，助力乡村振兴。

推行"增减挂钩 + 土地整治"模式，带动 2.4 万人致富增收，有效解决"城镇缺地、农村缺钱"难题，促进城乡统筹发展。柳州螺蛳粉全产业链带动 30 多万人就业，原材料种养殖人数 20 多万人，螺蛳粉加工业就业人数 1 万人，"螺蛳粉 + 旅游业"从业人数 9 万人，助力 20 多万农村人口人均增收近万元，基本实现农民就近就业、增收致富，走出了一条经济发展与乡村振兴的共赢之路。

（二）优化营商环境，打好利企"组合拳"

1. 税惠赋能，解决涉税痛点难点

为聚焦螺蛳粉产业高质量发展，柳州市税务局精准落实各项税费支持政策和创新服务举措，为辖区内螺蛳粉生产企业制作个性化"成长手册"，做到"一企一策、一户一档、专人对接"，帮助螺蛳粉企业强链、补链、延链，畅通销路。同时强化螺蛳粉行业规范管理，组织编写《螺蛳粉行业税收服务与风险防控手册》，指明螺蛳粉行业税收风险点；制定《柳州市螺蛳粉行业税收管理标准化建设工作方案》和"一指引、一清单、两表格"，准确掌握企业促销情况，提升税收服务和管理准确性，指导企业健康生产经营。积极推行农产品增值税进项税额成本法核定扣除政策，帮助解决螺蛳、竹笋、豆角等上游农产品原料采购无发票抵扣的难题，打通螺蛳粉生产企业收购农产品时进项税抵扣和成本列支的堵点。截至 2023 年 9 月，柳州螺蛳粉生产企业纳入农产品增值税进项税额核定扣除 42 户，累计核定扣除 3097 万元，大大降低了企业生产成本。

2. 推进柳州螺蛳粉检测平台建设

努力打造柳州螺蛳粉国家市场监管重点实验室，加强广西壮族自治区柳州螺蛳粉质量检验中心及柳州螺蛳粉质量检测服务站建设，确保在示范区范围内建立起检测水平高、专业性强的指定检测机构。加强柳州螺蛳粉地理标志产品检测，督促螺蛳粉企业落实质量安全主体责任，构建"诚信＋抽检"的监管模式，每年按检测规范要求实施产品抽样检测，保证实现各批次产品检测结果全部合格的目标。完善专业化地理标志检验检测服务网点建设，根据消费市场需求，为消费者提供权威、可靠的专业技术服务。

3. 财金联动，创新金融服务模式

加快搭建支持螺蛳粉产业链金融平台步伐。落实《柳州金融支持螺蛳粉产业高质量发展的若干措施》，着力破解螺蛳粉企业融资难题。截至 2023 年 9 月，螺蛳粉产业贷款余额 16.7 亿元，比年初新增 3.68 亿元。2023 年累计支持企业 1461 家，累计投放金额 12.82 亿元。强化螺蛳粉企业信贷融资扶持。指导柳州银行成立专门小组，创新打造"螺蛳粉产业贷""螺蛳粉设备贷"等金融产品，开辟绿色通道优先审批螺蛳粉企业授信项目，为螺蛳粉企业制定减息优惠举措，全力推动柳州市螺蛳粉产业高质量发展，同时也带动了乡村振兴、普惠金融的发展。

4. 市场监管部门严格监管和把关

2023 年，柳州市在预包装柳州螺蛳粉食品安全专项整治行动中，共检查螺蛳粉及原材料生产企业 77 家，检查项目累计 145 项，发现问题 23 项，整改问题 23 项。对于在检查中发现的部分企业在生产车间卫生、食品添加剂管理、原料采购验收等方面存在问题的情况，现场责令企业立即整改并进行回访督查，确保产品质量安全。

5. 售后服务水平扎实提升

逐步开展柳州螺蛳粉产品溯源体系建设。将终端产品与原材料种植示范基地、原材料加工厂、螺蛳粉生产厂家和销售终端相结合，确保柳州螺蛳粉原料"有据可查"，打造柳州螺蛳粉金字招牌。柳州市消费者权益保护委员会在柳州市螺蛳粉协会设立柳州市螺蛳粉协会消费维权服务站，为消费者提供与螺蛳粉相关的权益咨询和解答，将消费者权益保护做到实处，同时也尽可能将螺蛳粉相关的舆情风险隐患化解在萌芽状态。同时，螺蛳粉协会还与柳州市中级人民法院民商庭二庭建立深度合作。在法院"三进"活动中，针对螺蛳粉相关的诉讼案件，螺蛳粉协会与中级人民法院紧密合作，经多次交流协商，将问题在不造成巨大负面社会影响的前提下，快速、有效、满意地解决。

（三）标准化规模化发展，打造螺蛳粉产业新格局

一方面，推进螺蛳粉产业标准化发展。柳州市螺蛳粉产业发展领导小组颁布《食品安全地方标准（柳州螺蛳粉）》，涵盖原材料种养、生产与经营、文化旅游等全产业链6个子体系564项标准，推动柳州螺蛳粉全产业链标准体系建立。一是建立多方检测机构。设立广西柳州螺蛳粉检验检测中心、广西柳州螺蛳粉质量检验中心、广西柳州螺蛳粉工程技术研究中心等检测机构，覆盖预包装柳州螺蛳粉产品的全项检验。二是发挥标准化示范作用。以柳州螺蛳粉产业园获批成为国家级消费品标准化试点为契机，推动国家级标准化试点示范，带动柳州螺蛳粉全产业链标准化建设。三是推进标准化生产。成立螺蛳粉产业标准化技术委员会，制定螺蛳粉产业相关的柳州市地方标准，同时，对生产加工过程、生产流程、关键控制环节等进行规范和指导，确保每一袋柳州螺蛳粉的"标准味道"。

另一方面，推进螺蛳粉产业规模化发展。以产业集聚发展为目标，针对原材料基地、产业园区等建设，推动螺蛳粉产业规模化发展。一是推进原材料基地规模化。建设竹笋、大米、豆角、木耳、螺蛳等原材料基地，鼓励推行"总部＋基地""企业（合作社）＋基地＋农户"等新型模式，引导企业与农户签订原材料供应协议，申请"柳州螺蛳

粉原材料示范基地"认证，确保原材料用料保障。二是探索产业集群化发展。建立螺蛳粉产业园、螺蛳粉小镇、螺蛳粉电子商务产业园等产业集聚区，引入110多家螺蛳粉生产及配套企业入驻，生产企业数量大幅度提升，将"小米粉"逐步做成"大产业"，产业集群效应进一步显现。

（四）品牌化经营，推动产业融合发展

用好柳州螺蛳粉区域公用品牌，推动螺蛳粉产业与其他产业融合发展。建立"柳州特殊地理环境＋柳州产业优势＋柳州本土原材料＋柳州优质水源"核心体系，持续打响柳州螺蛳粉区域公用品牌。一是推动品牌保护。培育300多个柳州螺蛳粉品牌，推动"柳州螺蛳粉"列入广西商标品牌保护名录。制定"柳州螺蛳粉"地理标志专用标志管理办法，建立地理标志专用标志档案制度。建立"互联网＋监管"的管理模式，推进"柳州螺蛳粉产品认证平台"建设，为企业品牌提供一物一码防伪溯源平台，助力企业品牌保护。二是扩大宣传规模。多措并举拓宽螺蛳粉品牌宣传渠道，如打造柳州螺蛳粉美食街，柳州螺蛳粉冠名高铁专列，推动柳州螺蛳粉进展会、进商超、进枢纽、进景区、进社区。三是深化"螺蛳粉＋旅游"融合。建设柳州螺蛳粉小镇、柳州螺蛳粉电子商务产业园，集聚上游原材料种养、科技创新、加工流通、电子商务等产业，带动了文化旅游等其他产业发展。发布全国首条螺蛳粉工业旅游线路及螺蛳粉文化体验游主题线路，推动以螺蛳粉为主题的文娱园区建设，举办螺趣运动会、嗦螺大赛、农特精品展、美食一条街、螺味百家宴等盛大活动，全面推介螺蛳文化，打造全方位"螺"旅游体验。

做好螺蛳粉产业，持续推动柳州螺蛳粉走出去。通过搭建与东部发达地区知名企业的合作交流平台，建立行业智库、智力联盟等协会组织，加强国内合作交流，为柳州螺蛳粉产业发展壮大提供智力支撑。加大招商引资力度，健全柳州螺蛳粉产业园建设，建立对外合作产业园区，吸引国内外知名企业、高水平科研机构、优质创新团队等入驻柳州。抢抓《区域全面经济伙伴关系协定》和"一带一路"建设的重大机遇，聚焦东南亚市场，并向《区域全面经济伙伴关系协定》国家及"一带一路"沿线国家和地区拓展，扩大螺蛳粉生态产品走出去的深度和广度。

（五）引优质企业"活水"，焕发产业新动能

在示范区建设的带动下，积极培育壮大柳州螺蛳粉产业规模，推动企业转型升级，进一步提升产业集群承载力。积极引进大企业大集团在柳州投资建设生产基地，共享柳州螺蛳粉发展红利，促进柳州螺蛳粉产业化、标准化、品牌化、规模化提升。充分发挥柳州螺蛳粉产业在巩固拓展脱贫攻坚成果和全面推进乡村振兴的辐射带动作用，突出配料"柳"产的核心竞争力，助力乡村振兴。

（六）加强人才培养，持续释放创新活力

利用好柳州市人才政策，引进 E 类（含）以上高层次人才和团队，引育一批螺蛳粉产业科技创新急需的高层次创新人才和团队。利用好柳州螺蛳粉产业学院的平台，加强对柳州市螺蛳粉协会的指导，推进职业院校和企业联盟、与行业联合、同园区联结。坚持职业教育服务实体经济发展，优化职业教育学科设置。鼓励和支持企业、科研院校等单位加大开展职业人才培训力度，培育专业地理标志知识产权行业人才。与科研院校合作深化创新能力。柳州螺蛳粉产业各相关部门深化与中国农业科学院、中国农业大学等十多家科研院校技术合作关系，柳南区成功创建自治区级农业科技园区，柳州螺蛳粉产业获得各种科技创新专利 169 项，其中发明专利 32 项。全面提升广西柳州螺蛳粉质

量检验中心检验检测能力，包含 172 个小类、173 种产品共计 2374 项，检测能力覆盖柳州螺蛳粉全产业链 92% 以上。

三、螺蛳粉产业"网红"变"常红"的启示

柳州正在打造一个集原料生产、食品加工、食品包装、商超、电商、物流、文旅体验、文创产品于一体的新业态，通过不断延伸产业链，一二三产业融合发展，壮大特色产业，让产业振兴的成果惠及百姓。从小米粉到百亿产业，再到一个城市的出圈，柳州螺蛳粉通过产业化、规模化、品牌化、标准化和多元化营销，形成了充满活力的"螺蛳粉 +"产业集群。柳州螺蛳粉的"网红"之路印证了实现工业化生产是发展特色产业的关键基础；全力做好"提品质、强供给、重内涵、塑形象"4 篇大文章，不断延伸产业链是发展特色产业的有效路径。

（一）广泛的受众群是特色产业发展的良好条件

螺蛳粉是广西柳州的特色小吃，在柳州当地有着"不吃螺蛳粉，枉为柳州人"的说法。而一批批广西人外出上学、务工、创业，自然也带动了螺蛳粉的宣传和异地消费。柳州的经验表明，如同武汉热干面、河南胡辣汤、长沙臭豆腐、南京鸭血粉丝汤等享誉全国的地方小吃一样，原生受众的口碑和认同感是特色产业走出去，做大做强的发展原动力。除了原生受众群体的口口相传外，如今螺蛳粉品牌已经拥有清晰的用户画像。18~35 岁的年轻人是螺蛳粉的主要受众群体之一。年轻人对于新鲜、独特的美食充满好奇，勇于尝试各种口味。螺蛳粉作为特色小吃，正好符合年轻人的这种需求。此外，年轻人对食物的要求既希望便捷高效，又希望料足味美。与其他素食面食相比，螺蛳

粉的配料丰富多样，一包螺蛳粉就能满足各种口味需求，因此更能抓住年轻人的胃。年轻人对于网络传播的接受度较高，他们常常通过网络分享、打卡等方式传播螺蛳粉的美名，进一步扩大了螺蛳粉的影响力。

（二）特色产业立得住、站得稳，才能行得远

谋求发展需要保持足够的耐心，避免急功近利，以细水长流的心态做好眼前事。不只柳州螺蛳粉，这两年"火出圈"的淄博烧烤、哈尔滨冰雪游、甘肃天水的麻辣烫等，都创造了现象级新消费模式。细察可知，这些"出圈"的地方优势产业不是凭空而起，往往是基于本地经济发展基础，经历了较长时间的摸爬滚打和改革探索，才形成较为完备的产业体系和结构功能。

选择适合当地的特色产业要坚持3个原则：一是适应原则。产业选择要与当地禀赋情况及发展方向相适应，真正做到因地制宜和适应市场。产业立足于本地，只有做到适应本地发展需要，才能获取更多政策及资源上的支撑，从而获得可持续发展。二是特色原则。特色务求明显，且具有突出的优势。如何从各种产业中脱颖而出，吸纳更多的关注和资源需要下深功夫进行挖掘和思考。三是关联原则。产业关联度关系到产业链的延伸和布局，只有拥有完整产业链条的产业，才能具有强大的吸纳和带动作用，促进产业与产业之间的互补和支持，壮大整个区域经济，形成集群效应。

（三）当地政府重视扶持，特色产业迎来发展机遇

对标重庆火锅、武汉热干面、兰州拉面等城市特色美食品牌，近十几年来，柳州市制定了"螺蛳粉进京"行动，出台了多项螺蛳粉产业的发展规划、行业规范等，为柳州市螺蛳粉产业发展提供了良好的环境。

2022 年，柳州市顺利完成了柳州螺蛳粉全产业链标准化体系建设。

2023 年，柳州市把标准化理念贯穿柳州螺蛳粉全产业链，让原料、加工工艺和产品质量有标可循、有准可依，形成对柳州螺蛳粉全产业链质量安全和风味特色的标准全保护、严保护和强保护的工作格局，为柳州螺蛳粉特色产业行稳致远提供重要技术保障。

2024 年，柳州市发布《预包装柳州螺蛳粉外包装英文译写规范》《预包装柳州螺蛳粉生产企业质量管理规范》《柳州螺蛳粉餐饮外卖行业通用规范》《柳州螺蛳粉实体店用原材料包装技术规范》《柳州螺蛳粉用辣椒油配料包制作工艺规范》等 5 项柳州螺蛳粉相关标准，有效解决了出口包装英文译写没有统一规范、柳州螺蛳粉质量管理不够完善等问题。至此，柳州螺蛳粉全产业链标准体系相关标准共 569 项，全产业链标准体系进一步完善，持续推动柳州螺蛳粉产业标准化、高质量发展。如今，从电商平台查看螺蛳粉的评价，出现最多的关键点是"口味和在店里吃到的一样"，这离不开柳州螺蛳粉对标准化生产的把握。

（四）原材料供应体量支撑，助力乡村振兴跑出"加速度"

在广西柳州，一碗粉，不仅做成了俏销各地的"网红"，还助力乡村振兴跑出"加速度"。短短几年间，预包装的广西柳州螺蛳粉，已从名不见经传的地方美食，成长为年产值约 60 亿元的"大产业"。螺蛳粉产业的高速发展，也带动了酸笋、螺蛳、酸豆角、木耳、腐竹等产业规模化、产业化、标准化、品牌化发展，孕育出带动农民致富的全产业链。

一碗螺蛳粉"嗍"出一个大产业，通过政府引导，原材料基地建立了"公司＋合作社＋农民""公司＋村集体＋农民""科研院校＋公司＋合作社"等农业产业化联合体。螺蛳粉企业采取订单保底收购、

"保底收购＋入股分红"等形式与基地农户建立稳定的产销关系。柳州市围绕螺蛳粉全产业链，扶龙头、建基地、补短板、延链条、保产业、惠农民，走出了一条"产业＋旅游＋就业"高度融合的乡村振兴之路。从原材料种养殖，到食品制作加工，再到产品流通销售，螺蛳粉产业带动66万亩原材料基地，创造30多万个就业岗位，2023年全产业链销售收入为669.9亿元。一个日趋完善的柳州螺蛳粉原材料产业链和多元的产业新业态，正在柳州加速形成，覆盖农业、食品工业、电子商务等多个领域。

（五）优质企业引领，为螺蛳粉产业注入强劲动能

根据企查查数据，截至2024年6月，我国现存螺蛳粉相关企业60662家，新增企业多分布在南方地区。其中，广西螺蛳粉企业占比高达29.78%，22.96%的螺蛳粉企业位于广东省。此外，高达99.8%的螺蛳粉新增企业注册资本在500万元以下。截至2024年3月12日，螺蛳粉近一年内新开店25697家，且拥有200家门店以上规模的品牌达到12个。

短短十几年，螺蛳粉不仅突破了地域界线，还顺利迈进了品牌化的新阶段，这离不开优质企业的引领带动作用。龙头企业带动有助于推动地方特色食品产业以创新为引领，向高端攀升，有助于巩固地方特色优势产业发展基础，促进区域性特色产业提档升级，加快推动一二三产融合发展，促进地区之间饮食文化交流互补，保护和传承地方特色传统文化，实现农业高质量发展。

柳州市不断优化营商环境，培育本土"领头雁"企业，同时积极对接外部优质企业入驻，推动螺蛳粉产业不断吸纳新鲜思维、新鲜模式，在优质企业的良性竞争环境中，逐渐走向全产业链的创新化、智能化发展，为当地螺蛳粉产业高质量发展提供了巨大的能量。

（六）多元化传播路径赋能柳州螺蛳粉区域品牌升级

1. 与"互联网+"紧密结合

柳州市在螺蛳粉走出去的过程中，紧跟形势，不断将新的传播方式与产业发展相结合。2012年，螺蛳粉作为柳州特色小吃登上纪录片《舌尖上的中国》，开始被大众熟知，并出现了短暂火爆。随后，螺蛳粉多次以非物质文化遗产身份进入《走遍中国》《天天向上》《快乐大本营》等多个知名电视节目，并在短视频平台获得不俗的播放成绩。

随着短视频和互联网电商的快速兴起，柳州螺蛳粉又乘势而上，以最快的速度赶上了这个时代的"流量快车"。随着"宅经济"的兴起，直播带货如火如荼地进行，螺蛳粉线上的热度也随之爆棚。2023年，柳州螺蛳粉全产业链销售收入达到669.9亿元，其中袋装螺蛳粉近175亿元。

自然而然地，线上销售的螺蛳粉在市场上占据了主要地位。数据显示，在中国螺蛳粉消费者购买产品的渠道分布中，网上商城以78.70%的比例居于首位。数据显示，2021—2023年连续3年，柳州市的螺蛳粉年寄递量突破1亿件，使螺蛳粉成为广西首个年寄递量破亿的单品。这些数据充分展示了螺蛳粉行业的快速发展和强大的市场潜力。

2. 异业联动创新吸引点

如今，许多螺蛳粉品牌都在品牌影响力打造上狠下功夫，通过与不同行业的公司和个人合作，扩大产品的销售渠道和覆盖面，提高品牌知名度和市场占有率。以好欢螺为例，2023年，好欢螺与奈雪的茶、元气森林、袁记云饺等联名推新品，同时紧跟热点，携手知名演员推出新品螺蛳粉及周边，持续保持品牌的曝光度和影响力。

（七）根植地域文化，推动城市名片华丽升级

1. 文化溯源

为讲好螺蛳粉的故事，柳州市深入挖掘柳州人食螺的历史渊源，持续加强白莲洞遗址、鲤鱼嘴遗址的保护力度，充分做好螺文化的展示工作，生动再现柳州史前先民从采集螺蛳到加工螺蛳再到煮螺食螺的生产生活方式创新与转变，精心策划柳州史前文化研学体验活动。同时，还努力挖掘螺蛳粉的起源，讲述柳宗元的"救命粉"、谷埠有夜市、无巧不成书等故事，此举不仅引起群众共鸣，勾起浓浓的螺蛳情结和米粉情结，而且提高了螺蛳粉旅游文化内涵。此外，柳州开展了一系列与螺蛳粉有关的文化活动，通过营造话题、发布主题文章、直播带货等方式，让螺蛳粉效应持续发酵。柳州由最初的"一碗粉"带动"一车风行、一江旖旎、一花倾城、一城风情"的城市形象，推动城市名片由"城市网红"螺蛳粉到"网红城市"柳州的华丽升级。

2. 创新场景

近年来，柳州市求新求变，推动螺蛳粉与文旅产业深度融合发展。柳州开发了广西第一个室内外结合的"非遗活态博物馆"窑埠古镇螺蛳街、中国首个以"螺"为元素的"5G+XR"主题乐园——柳州螺乐园。柳州通过不断丰富的旅游场景、新颖的旅游项目，让游客深入体验螺蛳粉文化魅力以及柳州城市的风采，从而实现从"流量"到"留量"、从饮食消费到全域消费的转变，开辟出新的经济增长点。

第 七 章

中国大唐：展现能源保供新担当和绿色低碳发展新作为

中国大唐牢记历史责任和时代使命，始终以习近平新时代中国特色社会主义思想为指导，坚定不移把党的二十大提出的目标任务落到实处，立足新发展阶段、贯彻新发展理念、融入和服务新发展格局，聚焦主责主业，围绕"四个革命、一个合作"能源安全新战略和碳达峰碳中和目标愿景，以"二次创业"的激情斗志，为中国式现代化扛起能源安全保障责任，大力推进清洁低碳、安全高效的能源体系，扎实推进能源绿色低碳转型，以电力行业绿色生产力为引领，加快发展新质生产力，扎实推进高质量发展，自觉服务"国之大者"。

一、书写美丽中国建设领军企业新篇章

（一）中国大唐基本情况

中国大唐集团有限公司（以下简称中国大唐）成立于 2002 年 12 月 29 日，是中央直接管理的国有特大型能源企业，注册资本金 370 亿元，主要业务覆盖电力、煤化工、金融、环保、商贸物流和战略性新兴产业。所属企业包括 5 家上市公司、40 余家区域公司和专业公司。5 家上市公司分别是：首家在伦敦上市的中国企业、首家在香港上市的电力企业大唐国际发电股份有限公司，较早在国内上市的大唐华银电力股份有限公司、广西桂冠电力股份有限公司，在香港上市的中国大唐集团新能源股份有限公司、大唐环境产业集团股份有限公司。

在党中央、国务院的坚强领导下，中国大唐肩负保障国家能源安全的重要使命，积极践行"四个革命、一个合作"能源安全新战略，认真履行能源央企经济责任、政治责任、社会责任，全力推动能源安全稳定供应、绿色低碳转型发展，加速科技创新引领，持续打造"绿色低碳、多能互补、高效协同、数字智慧"的世界一流供应商，努力

成为美丽中国建设的领军企业。

面向"十四五"及未来发展，中国大唐把握新征程的战略机遇，完整、准确、全面地贯彻新发展理念，融入国家发展战略全局，坚持创新驱动高质量发展，积极培育新质生产力，奋力打造世界一流能源供应商，在以中国式现代化推进中华民族伟大复兴的新征程中贡献大唐力量。

（二）企业发展情况

红色精神是中国共产党领导人民在革命、建设、改革各个时期形成的伟大革命精神，已经深深融入中华民族的血脉和灵魂。中国大唐是国家在电力体制改革中组建的特大型发电企业集团，旗下电厂历史悠久，底蕴深厚，地位重要，责任重大。中国大唐的发展史就是一部筚路蓝缕的奋斗史、一部接续奋斗的奉献史，也是红色精神薪火相传的文化史。

历经 20 余年砥砺奋进，中国大唐进入乘势而上、再攀高峰的新阶段，站在了新的历史起点上。截至 2023 年底，中国大唐资产总额达到 8923 亿元，是组建时的 9.5 倍；资产分布由组建时的 14 个省（区、市），拓展到全国各地 32 个省（区、市）及境外 13 个国家和地区；发电装机规模达到 18074 万千瓦，是组建时的 7.6 倍；年营业收入达到 2590 亿元，是组建时的 9.5 倍。

中国大唐自 2002 年组建与 2023 年主要发展指标对比情况见表 7-1。

表 7-1　主要发展指标对比

序号	指标名称	对比周期及数据				发展情况
1	发电总装机	2002 年	2385 万千瓦	2023 年	18074 万千瓦	增长 6.6 倍
2	清洁能源装机占比	2002 年	11.37%	2023 年	46.24%	提高 34.9 个百分点

序号	指标名称	对比周期及数据				发展情况
3	新能源装机占比	2005 年	0.26%	2023 年	25.61%	提高 25.4 个百分点
4	发电量	2002 年	1254 亿千瓦时	2023 年	5967 亿千瓦时	增长 3.8 倍
5	煤炭产能	2010 年	1000 万吨	2023 年	3800 万吨	增长 2.8 倍
6	供电煤耗	2002 年	371.18 克/千瓦时	2023 年	293.84 克/千瓦时	下降 77.3 克/千瓦时
7	海外资产规模	2010 年	50.6 亿元	2023 年	267.7 亿元	增长 4.3 倍
8	海外装机规模	2010 年	24 万千瓦	2023 年	150 万千瓦	增长 5.3 倍

资料来源：笔者根据历年中国大唐社会责任报告整理。

"十四五"以来，中国大唐深入贯彻习近平总书记系列重要指示批示精神，使命更加清晰，战略更加科学。党中央关于加快建设世界一流企业、规划建设现代能源体系、加快构建新型电力系统的重要论述，为中央能源电力企业改革发展掌舵领航、举旗定向，指引中国大唐坚定担当新时代新职能新使命。制定"1264"[①] 发展战略，明确"四强四优"[②] 目标，形成了新发展思维、战略思维、底线思维、系统思维、辩证思维 5 种治企思维，明确了管理体系、管理机制、管理方法"三位一体"企业治理体系和"六强"总部[③] 要求，提出了"一切成本皆可

① 打造"绿色低碳、多能互补、高效协同、数字智慧"的世界一流能源供应商，实现两个转型，做强做优六种电力，协同发展六大产业。

② 四强即创新力强、竞争力强、发展力强、抗风险力强，四优即市场布局优、产业结构优、资产质量优、人才队伍优。

③ 建设政治能力强、战略引领强、治理效能强、资源配置强、服务保障强和风险防控强的"六强"总部。

控"的成本理念，"选择重于努力"的投资理念，"三分投七分管"的项目管理理念，"两不超、三个零"的工程建设理念，"走出去、走上去""海纳百川、投创未来"的海外发展理念，"八个严禁"的物资管理理念，"从零开始、向零奋斗"的安全生产要求，"七条禁令"的作风纪律要求。在思想观念、体制机制、质量效益、政治生态、企业形象上发生了全局性变革，实现了根本性变化。

"十四五"以来，中国大唐深刻感受党和国家领导同志关怀鼓舞，信心更加坚定，动力更加强劲。中共中央、国务院及各部委领导同志，多次就中国大唐工作作出重要批示。一代代大唐人用对国家对企业的热爱、对党对人民的忠诚，传承了一系列精神谱系，生动诠释了中国大唐的奋斗品格。特别是时隔 12 年党和国家领导同志再赴中国大唐基层企业，李强总理到大唐哈尔滨第一热电厂调研时的充分肯定[①]，为中国大唐 10 万干部职工坚定扛好保暖保供责任、加快绿色转型步伐、防范化解重大风险、健全全面从严治党体系、助力乡村振兴，指明努力方向，注入强大信心，激发澎湃动力，推动中国大唐外部形象声誉、内部信心士气发生系统性根本性变化。

"十四五"以来，认真落实国务院国资委要求，主动求变，攻坚克难，把"国企改革三年行动"作为推动"二次创业"的重要抓手，推动改革不断向纵深发展，完善公司治理、健全市场化经营机制，2022年和 2023 年连续两年获得中央企业经营业绩考核 A 级、中央企业党建责任制考核评价 A 级、中央企业改革三年行动重点任务考核 A 级。中国大唐持续推进改革向关键领域扩围，管理基础不断夯实，治理效能持续提升，主要效率效益指标显著改善。与 2020 年相比，每万千瓦劳动用工

---

① 《李强在黑龙江、吉林调研时强调 坚持改革创新 激发内生动力 推动新时代东北全面振兴取得新突破》，新华社，2023 年 11 月 16 日。

从 4.9 人降到 4.2 人，下降了 14%；全员劳动生产率从 92.75 万元／人上升到 107.76 万元／人，上升了 16.18%；设备安全经济水平显著提升，非计划停运次数大幅下降，供电煤耗累计下降了 1.24 克／千瓦时。中国大唐长期盈利的基础更加坚实，整体价值创造能力显著增强，在中央企业效益排名中从 2021 年的第 98 位上升到 2022 年的第 62 位，2023 年进一步升至第 41 位，利润总额增速位居第 13 位。

二、保障国家能源安全和绿色低碳转型的新实践

党的十八大以来，习近平总书记提出了"四个革命、一个合作"能源安全新战略[①]，为新时代我国能源高质量发展指明了方向、提供了遵循，能源供给侧结构性改革持续推进，能源安全保障能力不断增强，多轮驱动的供应体系基本建成，能源绿色低碳转型步伐加快，能效水平稳步提升，节能降耗成效显著，能源事业取得新进展。

2023 年全国可再生能源发电装机规模历史性超过火电，全年新增发电装机超过全球一半。水电、风电、光伏、生物质发电装机规模和在建核电装机规模稳居世界第一。当前，我国已建成世界最大清洁能源系统，成为全球绿色经济的重要参与者、突出贡献者、积极引导者，以碳达峰碳中和目标为统领，能源绿色低碳转型"路线图"已经绘就，绿色低碳转型成效世界瞩目。

（一）践行国家能源安全新战略

能源安全是"国之大者"，是关系国家经济社会发展全局性、战略性的问题。中国大唐深刻认识能源高质量发展对国民经济和社会高质

---

① 《习近平：积极推动我国能源生产和消费革命》，《人民日报》2014 年 6 月 14 日。

量发展的重要性，提高政治站位，自觉把企业的改革发展工作放在党和国家事业发展全局中思考和谋划，自觉服务国家战略，成为党中央"可信赖、贯彻决策部署、深化改革、实施战略、壮国力促发展、赢得伟大斗争胜利"的6种力量，展现中国大唐的担当。

1. 牢牢把握企业发展战略的全局性，强化政治担当，增强统筹能力

中国大唐坚持把学习践行能源安全新战略作为主题主线，以"提供绿色能源、点亮美好生活"企业使命为根本，坚定不移推进能源革命，持之以恒转变发展方式，全面构建清洁低碳、安全高效的能源体系。在服务国家战略中，保障国家能源安全，担当端牢能源饭碗的主力军；在推进能源革命中，聚焦主责主业补链、强链、延链、优链，加快绿色低碳转型发展；在企业发展中，维护人民利益，增进民生福祉，为美好生活赋能，促进人与自然和谐共生，共同创造更幸福的未来。

正确的战略是战胜风险挑战、不断从胜利走向胜利的有力保证。中国大唐基于中央企业责任使命，准确把握自身主要矛盾，主动适应新一轮科技革命和产业变革，打造"绿色低碳、多能互补、高效协同、数字智慧"的世界一流能源供应商，成为美丽中国建设的领军企业；实现从传统电力企业向绿色低碳能源企业转型，到2025年非化石能源装机超过50%，从传统电力企业向国有资本投资公司转型，建立中国特色的现代国有企业制度；做强做优煤电、水电、风电、光伏、气电、核电"六种电力"；协同发展电力、煤炭煤化工、金融、环保、商贸物流、战略性新兴产业"六大产业"；做到创新力强、竞争力强、发展力强、抗风险力强"四强"，实现市场布局优、产业结构优、资产质量优、人才队伍优"四优"。

2. 牢牢把握企业文化建设的战略性，纳入整体战略，强化文化引领

2023年12月19日，在全国上下深入学习贯彻习近平文化思想、

全面落实全国宣传思想文化工作会议精神之际，中国大唐举行新时代中国大唐企业文化发布会，正式确立并发布基本架构为"4+5+1"的新时代中国大唐企业文化——卓越文化。其中，"4"是企业使命、企业愿景、企业价值观、企业精神四大核心价值理念；"5"是以经营理念、管理理念、人才理念、安全理念、廉洁理念为代表的五大专项文化理念；"1"是员工行为准则。

中国大唐的企业使命是提供绿色能源、点亮美好生活；企业愿景是打造绿色低碳、多能互补、高效协同、数字智慧的世界一流能源供应商，成为美丽中国建设的领军企业；企业价值观为惟实惟新、共创共享；企业精神是同心聚力、追求卓越。经营理念是价值优先、绿色为要、创新制胜、合作共赢；管理理念是集团化管控、产业化经营、精益化管理、持续化提升；人才理念是以奋斗者为本、让奋斗者出彩；安全理念是生命至上、安全第一；廉洁理念是正心正行、干净干事；行为准则是爱国爱企、守法合规、敬业担当、高效协同。

3. 牢牢把握企业核心功能的系统性，融入中心工作，实现协同发展

中国大唐以增强核心功能和提高企业核心竞争力为重点，聚焦发挥国有企业科技创新、产业控制、安全支撑3个作用，推动建设新型能源体系，加快构建新型电力系统。立足能源多元供给保安全，把促进产业绿色低碳转型放在更加突出的位置，大力推进煤炭清洁高效利用，发展新能源及可再生能源，加快推进新能源建设投产，深入推进传统产业转型升级，坚定不移发展战略性新兴产业，着力加强储能、氢能、综合智慧能源等新产业的开发布局。在中国式现代化新征程中，为维护国家能源安全、推进能源革命、构建新型能源体系贡献大唐力量。

（二）勇担能源电力安全保供职责

能源电力供应事关经济平稳运行、国家能源安全、基本民生和社会稳定。中国大唐始终胸怀"国之大者"，准确把握能源保供从攻坚战转向持久战的基本态势，坚定扛好央企政治责任，不讲条件、不遗余力、不打折扣，举全集团之力保障能源安全稳定供应，确保经济社会平稳运行，确保能源安全保供，确保人民群众温暖过冬。

1. "安"字为重，擎起首都能源保供"顶梁柱"

作为首都保电的"老兵"，中国大唐位于北京周边的18家发电企业承担首都一半以上电力供应的重任，几十年如一日，源源不断把清洁电能送入祖国的心脏，把温暖送进千家万户，以高度的政治责任感和强烈的历史使命感圆满完成了党的二十大、建党100周年、全国两会等一系列重大政治保电任务，形成了一套行之有效、具有大唐特色的保电保热工作体系，为保障首都能源供应作出了重大贡献，树立了"情系首都，热暖京城"的企业品牌，为中国大唐赢得了广泛赞誉，生动展现了新时代中国大唐人强烈的担当意识和甘于奉献的精神风貌。

2. "暖"字为本，铸造北方冬季供暖"国家队"

2021年，面对严峻的能源电力保供形势，作为担负"三北"地区近9亿平方米供热任务的能源央企，中国大唐始终坚持以人民为中心的发展思想，以强烈的政治担当和"时时放心不下"的责任感，抢前抓早，全面加强组织领导，形成系统上下同频共振、同向发力的能源保供工作局面。先后召开燃料工作会议、东北区域保供专题会等，安排能源保供工作，积极应对寒潮天气，确保供热覆盖区人民温暖过冬，45家热源厂、14家热力公司开栓供热，吉林、黑龙江等地提前5～20天供热；京津冀地区提前9天实现全面供热。集团领导班子成员深入陕西、内蒙古、吉林、辽宁等省区基层一线，发动、指挥、督导保供工作。从总部到基层企业，逐级成立能源保供领导小组，主要负责人任组长，加强组织领导，压实保供责任。制定下发"1+7"保供方案，建立安全生产、燃料保供、资金保障三大主阵地，设立应急管理等7条战线，成立保供指挥部，全面抓紧抓实抓细各项能源保供工作要求。

3."保"字为先，争当绿色冬奥保电"先锋队"

担负着为张家口崇礼区冬奥会核心赛区提供16.3%清洁电力的光荣任务，中国大唐把保供电、保供热、保冬奥作为首要政治任务抓紧抓实，以新时代文明实践提升冬奥电力优质服务，强化电力安全保障能力，制定"1+9"保电方案，并于2021年12月6日在北京"冬奥社区"、距离冬奥场馆最近的高井热电厂召开保冬奥工作现场会，对冬奥能源保供工作进行再动员、再部署，确保4家区域公司27家发电企业，特别是并入京津唐电网的18家核心重点企业生产安全、职工队伍稳定、电力热力可靠供应，用责任点燃奥运之火，用担当照亮奥运赛场，为成功举办一届简约、安全、精彩的冬奥盛会贡献了大唐力量。

4."稳"字为要，夯实国际盛会保障"压舱石"

2023年，第31届世界大学生夏季运动会举办时间恰逢夏季用电高峰期，作为保电核心重点企业，中国大唐在川企业和部分在陕电厂以最高标准、最强组织、最严要求、最实措施、最佳状态全力以赴做好成都大运会电力保供工作，确保安全生产、防洪度汛、能源保供形势平稳。针对大渡河梯级电站联合调度，大唐四川公司制订减弃增发应急联动专项工作方案，主动协调联动上下游单位，抓住枯丰转换关键时机，通过精细化调度实现有限水资源的最大化利用，增发清洁电能7100万千瓦时，确保成都大运会电力保障万无一失、电力迎峰度夏平稳有序。作为陕川电力互济的"桥头堡"，大唐宝鸡第二发电公司 6 台火电机组 252 万千瓦全方式运行，燃料保障充足，设备稳定可靠，日均发电量 3490 万千瓦时，通过德（阳）—宝（鸡）500 千伏直流水火互济通道向川渝地区输送不竭电力，确保大运会期间电力可靠供应。

（三）厚植高质量发展绿色底色

习近平总书记强调，绿色发展是高质量发展的底色，新质生产力本身就是绿色生产力[①]。必须加快发展方式绿色转型，助力碳达峰碳中和。中国大唐认真贯彻碳达峰碳中和的战略要求，深刻判断能源绿色发展的必然方向，准确把握总体国家安全观的稳定要求，切实践行习近平生态文明思想，力争当好落实国家重大战略的排头兵。

1. 统筹整体与局部，做好顶层设计

2021 年，中国大唐成立集团公司碳达峰碳中和工作领导小组，统领确定包括绿色低碳发展等在内的"双碳"战略实施路径。集团公司主要领导任碳达峰碳中和工作领导小组组长，通过组织开展系统研究，在结合"十四五"规划和集团公司实际情况的基础上，经过科学分析和深入论证，制定了关于做好碳达峰碳中和工作推进高质量发展的指导意见，着重开展源头减排降碳、科技创新降碳、管理提升降碳、零碳负碳试点、协同减排降碳五大行动，18 项重点举措，通过稳步落实"双碳"部署推动中国大唐绿色低碳创新发展。

2. 统筹发展和减排，优化实施路径

2021 年 6 月，中国大唐对外正式发布《中国大唐碳达峰碳中和行动纲要》，明确要成为美丽中国建设的领军企业、能源行业碳达峰碳中和的标杆企业，助力上下游伙伴以及全社会碳中和典范企业的战略定

---

① 《加快发展新质生产力　扎实推进高质量发展》，《人民日报》2024 年 2 月 2 日。

位。同时，确定了确保 2030 年前实现碳达峰并力争提前碳达峰、2060 年前实现碳中和并力争提前碳中和的主要目标。"十四五"以来，中国大唐以实际行动落实传统能源逐步退出必须建立在新能源安全可靠的替代基础上的要求，加快煤电存量机组升级改造，超低排放煤电占比 98.8%，居行业领先水平；科学有序发展先进煤电，建成一批清洁高效煤电示范性项目，其中东营电厂采用世界首台单轴六缸六排汽燃煤发电机组，设计供电煤耗 258.72 克标准煤／千瓦时，名列全国清洁高效煤电前茅；率先开展国内劣质褐煤清洁高效示范利用煤化工项目，在煤炭清洁高效转化、分级梯次利用方面开展有益探索。

3. 统筹长远与短期，发挥先行优势

中国大唐积极主动多点发力绿碳业务，不断完善碳资产管理体系，成立组建碳资产管理专业机构，由中国大唐集团绿色低碳发展有限公司统筹开展碳资产管理与低碳服务工作，持续开展碳排放核算与核查工作，不断提升碳资产交易能力，积极探索创新碳金融业务，加强低碳项目投资，建设完善数字化低碳服务专业系统，主动参与碳市场规则制定及参股碳交易机构，逐步打造集碳咨询、碳资产管理交易与服务等职能于一体的专业机构。中国大唐所属重点排放单位全部完成全国碳市场第二个履约周期配额清缴，连续两个周期提前完成履约。

4. 统筹政府和市场，创新品牌打造

作为同时参与碳市场、电力市场、自愿减排市场的重要市场主体，中国大唐对外积极主动参与市场建设，在配额分配测算、市场调查分析、自愿减排方法学制定方面发挥行业中坚作用，参与建设海南国际碳市场；积极对接重庆市，协助做好西部绿色资源交易所和"双碳"实施方案的设立和编制工作；作为主要编制单位编制海上风电国家核证自愿减排量方法学，并由生态环境部正式发布；牵头编制并按月发布发电行业碳交易工作组全国碳市场月度调查报告；积极开发绿色金融产品，所属企业七台河电厂开展在中国碳排放权注册登记结算有限公司参与下的全国市场碳排放权首单担保贷款业务。

（四）打好战略性新兴产业攻坚战

战略性新兴产业是构建现代化产业体系的关键，是发展新质生产力的主阵地。中国大唐聚焦高质量发展这一首要任务，加快以新能源为主的战略性新兴产业发展，进一步增强推动新质生产力发展的自觉性和主动性，加快培育和形成新质生产力，不断塑造发展新动能新优势。

1. 以新能源规模化集约化开发为主线，加快形成战略性新兴产业提速发展格局

2023 年，中国大唐持续加速新能源规模化发展，坚决打好新能源提速增效攻坚战，以非化石能源为主攻方向，抢抓"沙戈荒"大基地开发机遇，通过将更多资源、政策、人才向新能源发展倾斜，实现了自组建以来首次新能源年度开工、投产双双突破千万千瓦，分别为历史最高年份的 1.31 倍和 1.39 倍，创历史新高。获得藏东南首个国家级清洁能源基地和"陕电入皖"基地主导开发权、广东国管海域300 万千瓦海上风电预选指标，获批广西河池 462 万千瓦新能源基地。2023 年发电装机规模突破 1.8 亿千瓦，清洁能源占比超过 46%，获取新能源建设指标 3341 万千瓦，全年新能源项目在建规模近 1500 万千瓦，为历史之最。

2. 以试点示范项目为支点，积极打造绿色清洁能源技术开发策源地

在新能源高质量增长方面，中国大唐开发的浙江长大涂滩涂渔光互补项目是中国首个大型海岸滩涂光伏工程，为东部沿海地区光伏发展提供了参考借鉴案例典范。大唐赤峰塞罕坝风电场为国内首个建成

的百万千瓦级风电场，通过率先开展风电机组集中控制研究与探索，建成国内首家具有设备操作权的集控中心，成为国内首家"电网友好型"风电场。2023 年 12 月，中国规模最大的高原山地百万千瓦绿色能源基地——云南锦屏西风电项目全部机组成功并网发电，有效缓解云南省能源供需"紧平衡"，助力云南建设绿色能源强省。国内首个以清洁高效先进煤电为支撑，同时利用既有火电通道打捆外送的新能源多能互补项目——蒙西托克托"风光火储"耦合发展示范工程首批机组正式并网发电，项目全部投产后，每年可新增 50 亿千瓦时绿电供应北京，减少碳排放 400 万吨，将为推进首都北京及内蒙古自治区加快实现"双碳"目标作出积极贡献。

3. 以重大基地建设为载体，集中优势资源突破重点领域和重点方向

"十四五"以来，中国大唐通过以区域布局优化发展、以重大基地支撑发展、以示范工程引领发展，全力优化结构布局，加快绿色低碳转型。在"三北"地区重点推进风光大基地规模化开发，在西南地区重点推进水风光综合基地开发；在中东南部地区重点推进风光资源的就近开发与分布式资源拓展；在东部沿海地区重点推进海上风电的集群化开发。主导推进的托克托、蔚县、娄底、红水河、渭南以及青海海南藏族自治州等 6 个大基地 793 万千瓦项目成功入围国家第一批风光基地项目清单。江苏启东、内蒙古赤峰、新疆哈密、青海海南藏族自治州和山东潍坊等基地项目，被列入国家第三批风光基地清单。"十四五"以来，累计获取新能源建设指标超过 1 亿千瓦，3 年分别投产新能源 278 万千瓦、452 万千瓦、1141 万千瓦，投产规模连续两年翻番，新能源发电装机占比较"十三五"末提高了 8 个百分点。

（五）加速绿色低碳科技创新引领

随着新一轮科技革命和产业变革深入发展，发挥新型举国体制优势，系统提升科技攻关能力，是实现我国科技自立自强的必然选择。中国大唐统筹推进传统产业改造升级和新兴产业培育壮大，补短板、筑长板、强弱项、固底板，加快促进关键核心技术创新攻关和转化应用，全面推动能源高端化、智能化、绿色化转型，打造全产业链、全价值链、全供应链、全信息链的能源产业格局，助力加快建设现代化能源产业体系。

1. 深化科技体制机制改革

中国大唐全面贯彻落实科技是第一生产力、创新是第一动力，深入实施创新驱动发展战略。"十四五"以来，中国大唐持续完善科技创新"224"体系，建立23名院士和专家组成的科技咨询委员会，健全完善科技创新决策支撑体系。发起成立中国智慧能源产业、新型电力系统等多个技术创新联盟，加强与怀柔国家实验室等科研机构、装备制造企业战略合作，构建开放协同的创新体系。整合内部创新资源，做强支柱研究院，在人才引进、薪酬激励等方面赋予更大自主权。

2. 优化科技项目开发布局

围绕国家战略不断推进科技创新，中国大唐在可再生能源、先进煤电、综合能源等领域布局61项关键技术，重点推进6个重大科技专项，突破"卡脖子"技术，形成系统解决方案，补齐产业短板，充分发挥科技创新对高质量发展的引领驱动作用。山东郓城630℃超超临界二次再热清洁高效煤电示范项目实现全厂发电效率50.36%，打造清洁高效先进节能煤电技术新标杆。大唐南京发电厂燃机实现对智能控制系统的进口替代，成为国内首台超超临界全机组 DCS、DEH 系统

100%自主可控机组。托克托千万千瓦级特大型风光火热储一体化能源基地稳定送出和协同运行关键技术攻关项目加快推进。

3. 突出关键核心技术攻关

2023年，中国大唐进一步做强做实科技创新体系，设立数字科技公司，与东方电气合资组建科技创新公司，与清华大学联合建立绿色智汇能源技术研究院，推进产业链创新链资金链融合发展，重大科研攻关项目取得历史性进展。西藏扎拉世界首台（套）500兆瓦级高水头大容量冲击式水电机组主体工程开工，并实现工程截流。国家电力示范项目山东郓城世界首台630℃超超临界煤电机组全面开工，实现G115钢等国产新材料工程应用。国家"揭榜挂帅"项目宁夏中宁世界首套100兆瓦级地下硐室压缩空气储能工程建设加快推进，攻克了软岩地质条件下地下储气库技术难题。此外，大唐十兆瓦级深远海漂浮式海上风电、新能源制氢耦合煤化工钠离子储能等一批重点科技创新项目加快推进，为我国发展大规模储能，支撑能源绿色低碳转型发展和新型电力系统建设提供了新路径。

三、以企业高质量发展助推中国式现代化的经验启示

中央企业是党执政兴国的重要物质基础和政治基础，中国大唐将更加深刻领悟"两个确立"的决定性意义，更加自觉忠诚核心、拥戴核心、维护核心、捍卫核心，坚决做到"两个维护"，更加坚定自觉担好政治责任。中国大唐始终坚持正确方向，坚持守土有责、守土尽责、守初心、担使命，切实增强使命感、责任感、紧迫感，在党和国家事业大局中尽大唐之责、思大唐之变、谋大唐之兴，把服务中国式现代化作为最大的政治，养成在吃透中央精神的前提下开展工作的思想自

觉、政治自觉和行动自觉。

（一）坚持党的领导，服务中国式现代化

中国大唐扎实开展两批主题教育，通过深化理论武装、调查研究、检视整改，党员干部的政治能力、思维能力、实践能力得到有效提升。健全完善作为党组会议传达学习"第一议题"、贯彻落实"第一责任"、督查督办"第一任务"、党建与经营业绩联动考核"第一指标"工作机制，做到长期坚持、认真执行，融入日常、抓在经常、抓出成效。把学习贯彻习近平总书记重要指示批示精神作为党组、党委会议学习研讨的首要任务，建立贯彻落实情况专项督查和评估机制，及时纠正少数党组织落实党中央决策部署和集团公司党组要求不用心不到位问题。推进政治监督具体化常态化精准化，党组对二级党委贯彻落实关于国有企业及本行业本区域重要指示精神情况开展重点监督，纪检监察组围绕重点任务开展专项监督，突出加强对"一把手"和领导班子的监督，推动党中央决策部署有力有效落实。通过反复学习领会重要批示精神，党员干部用好提高企业核心竞争力和增强核心功能"两个途径"，聚焦科技创新、产业控制、安全支撑"三个作用"，抓能源保供、提质增效、转型升级、深化改革、科技创新的思想自觉、政治自觉、行动自觉显著增强，推动各方面工作取得新突破，得到国务院领导同志和上级有关部门的充分肯定。

中国大唐深入贯彻落实新时代党的建设总要求和新时代党的组织路线，推进党建提升工程，党组织政治功能和组织功能不断强化，规范化标准化水平大幅提升，连续两年获得中央企业党建责任制考核评价 A 级。选人用人满意度大幅度提升，2021 年为 97.6%，2022 年达到97.7%。深化政治巡视，强化监督执纪问责，一体推进"不敢腐、不能腐、不想腐"，企业干事创业、风清气正的政治生态不断巩固。

展望未来，中国大唐将继续传承"红色信仰"，擦亮"忠诚底色"，同心聚力、追求卓越，聚焦主业保安全，稳健经营防风险，千方百计谋发展，关键时刻冲锋在前，以实际行动彰显中央企业"顶梁柱、顶得住"的责任担当，为确保经济社会平稳运行、保障能源安全供应底线作出新的更大贡献。

（二）坚持高质量发展，贯彻新发展理念

高质量发展作为新时代的硬道理，是打造世界一流能源供应商的根本路径。中国大唐始终坚持完整、准确、全面贯彻新发展理念，主动融入新发展格局，坚定不移做强做优做大，在服务建设新型能源体系、加快构建新型电力系统、保障国家能源安全中，实现"质"的有效提升和"量"的合理增长。

1. 大力发展风光新能源

坚持千方百计抢资源、一心一意谋发展，坚持推进新能源基地化集约化开发，坚持集中式与分布式并举、做大增量与做优存量并举，加快提升新能源比重。针对优质优势区域，重点谋划布局了"东西南北中"5个千万千瓦级基地和20个左右百万千瓦级新能源基地集群，着力打造中东南部分布式集约化开发带，实现更有质量效益的发展。

2. 清洁高效发展先进煤电

通过"两个联营""上"一批煤电、通过"三改联动""优"一批煤电、通过"处僵治困""减"一批煤电。加速推动煤电由常规基荷电源向清洁高效的容量保障性和系统调节性电源并重转型，逐步通过灵活性改造，以及发展绿氨掺烧和碳捕集等新兴技术，使煤电向调峰电源、备用电源转变，实现煤炭的清洁高效利用。由我国自主研发设计制造的2台百万千瓦超超临界二次再热煤电机组，采用近40项集成创新技术，机组设计供电煤耗实现258.72克/千瓦时。

3. 科技创新引领发展水电

围绕大容量高水头水电方向开展核心技术攻关，推进西藏大唐扎拉超高水头大容量冲击式水轮发电机组联合研发，为西南水电基地开发开展关键技术示范。作为西部大开发和西电东送战略的标志性工程，大唐龙滩水电站处于红水河流域 10 个梯级电站的第 4 级，水电站水库正常蓄水位 375 米，库容 162 亿立方米，装机容量 490 万千瓦。作为绿色发展理念的践行者，龙滩水电站正在走向智能水电，通过坚持科技引领，探索智能化、数字化生产运营体系，用智慧化赋能高质量发展。

4. 合作互补发展清洁核电

发挥在核电项目储备上的优势，通过战略合作参股核电企业，在取得经济收益的同时，积极学习先进经验，培养核电人才，努力推动核电成为新的效益增长点。与中核集团携手合作，完成辽宁庄河核电项目一期工程签约，在积极发展核电的基础上，同步推进风、光、水、核、储清洁能源全产业链发展的千万千瓦级清洁能源产业基地建设，加速助推中国大唐清洁低碳转型。

5. 因地制宜发展清洁气电

高井燃气热电厂作为首都能源保供的绿色环保型城市示范电厂，为更好服务首都经济社会发展，积极响应环保升级要求，完成从大型燃煤电厂到燃气电厂的清洁转型替代发展，在发挥高效调峰性能和提供清洁能源的同时，为首都提供 1924 万平方米的供热，满足近 20 万户居民的用电需求。大唐万宁气电项目总装机容量占海南电网实际可调出力的 12.9%，是服务海南电力保供的主力军，在迎峰度夏用电高峰时期，机组负荷率达 70% 以上，单日最高发电量占海南全省全网单日发电量的 13.8%，有效缓解了海南岛西电东送的紧张局面，在关键时期发挥了顶梁柱作用，用实际行动彰显央企能源保供的责任担当。

6. 创新发展储能、氢能、综合智慧能源等新兴产业

重点突破和掌握规划设计、系统集成、智慧运营等关键技术，加快发展抽水蓄能、压缩空气储能、电化学储能，依托符合条件的水电、火电厂址建设混抽、储能电站。加快发展氢能，着力推进绿电制氢与煤化工耦合利用、管道掺氢等示范项目，加快掌握低成本绿氢"制储输用"关键技术，拓展绿氢耦合利用产业链，建设绿电、绿氢、绿色煤化工"三位一体"基地。高效发展综合智慧能源，开发综合智慧能源服务互联网平台，发挥二、三级企业的战斗堡垒作用，加快向大中城市、县域进军，以用户为中心拓展多能互补、分布式能源、智能微网、虚拟电厂、清洁供暖、智慧用能等业务。积极发展能源数字产业，通过新设立专业公司，打造行业一流的发电工业互联网平台，拓展数字化产品和服务，提供企业数字化、能源数字化技术咨询和服务。

展望未来，中国大唐将保持战略定力，服务和融入新发展格局，积极推进从传统电力企业向绿色低碳能源企业转型，积极淘汰落后煤电，大力实施煤电"三改联动"，科学发展多能互补、重要负荷中心支撑保障和应急调峰煤电项目，奋力谱写中国高质量发展的大唐篇章。

（三）坚持科技创新引领，加快形成新质生产力

科技创新是引领发展的第一动力。中国大唐牢牢把握当前及今后一段时期良好的科技创新环境，健全科技创新体制机制，整合科技创新资源，增强科技创新能力，加大创新投入，推动关键核心技术攻关，强化先进能源技术集成创新，努力推动科技创新取得突破性、标志性成果，支撑传统产业升级、战略性新兴产业发展、未来产业培育，加快形成新质生产力，为服务国家战略、科技自立自强、产业链供应链安全稳定提供有力支撑。

1. 发挥创新主体作用

中国大唐科技创新体制机制改革取得明显成效。以"两级研发、两院支撑、四项机制"为核心，加快构建定位明确、责任清晰、协同开放的科技创新体系。完善投入机制，在营业收入保持较快增长的情况下，研发投入强度实现稳步提升。健全科技创新考核评价指标体系和科技奖励办法，有效激发科技人员积极性创造性。

2. 加大科技人才激励

中国大唐加强创新人才保障，实施卓越工程师培养计划，稳步推进中共中央组织部工程硕博士培养改革试点招生工作。营造尊重知识、尊重人才、尊重创造的浓厚氛围，完成集团公司首批首席专家、青年科技拔尖人才选拔和首批"优才计划"招聘工作，共建设职工技术创新工作室 279 个，科技人才不断集聚，创新活力不断激发。

3. 推进数智工程赋能

中国大唐抢抓数字经济、产业信息化等发展机遇，推动新一代电子信息、人工智能等数字技术、智能技术应用及与能源电力的深度融合。以数字化、网络化、智能化"三化"促进企业效率、效益、效能"三效"的全面提升，构建大唐云、数据湖、大唐盾三大基础和管理中枢、生产管理、经营管理三大应用平台，形成事事上系统、人人上平台、资源可共用、数据可共享、工作流程可见、管理成效透明的数字化生态，打造场景化体验、智能化生产、一体化经营、智慧化管控、融合化发展的数字智慧能源，成为行业数字化标杆，实现换道超车，为推进"1264"发展战略提供数智支撑。

展望未来，中国大唐将全面落实创新驱动发展战略，系统实施科技创新工程，着力提升科技创新水平和技术集成应用能力，在能源强国进程中展现央企担当。

（四）坚持统筹发展和安全，防范化解重大风险

认真践行总体国家安全观，把维护国家安全与经济社会发展一起谋划，是统筹国内国际两个大局、办好发展与安全两件大事，实现更为安全的发展的应有之义。

1. 学习运用好辩证思维和法治思维，明确发展路径，优化发展环境

中国大唐深入推进治理体系和治理能力现代化建设，推动董事会建设和规范运作，持续开展对标世界一流管理提升行动，完善投资授权放权体系，优化区域机构管理机制。在注重以结果为导向和完善风控管理的基础上，通过精准授权放权，优化调整新能源项目投资管控流程，实现将新能源项目从立项、投资决策到开工等权限科学授权给相关区域公司，以建设专项奖励制度等正向激励措施，进一步激发广大员工工作活力，促进新能源绿色低碳加速发展。

2. 学习运用好历史思维和底线思维，扛起央企使命，守牢发展底线

中国大唐坚持系统施治，统筹抓好各类风险防范化解，严控资产负债率和带息负债规模，2023 年带息负债综合融资成本率创历史最优。系统推进煤炭煤化工脱困突围，胜利东二号露天煤矿停工 4 年后复工复产。打响煤炭煤化工突围脱困攻坚战，及时调整煤化工脱困振兴思路，确立"锡多克"煤电化一体化发展战略，努力推进债务重组，积极稳妥为煤炭煤化工提供资金支持，煤化工投产 10 年来首次实现整体盈利。华创风机案件风险历时 4 年得到化解。小水电遗留问题彻底清理。主要能源电力产品产量均实现较快增长，煤电机组非计划停运系数、全国电力可靠性金牌机组及能效对标优胜机组台数、百日无故障风场个数均居中央发电企业第一位。

3. 学习运用好开放思维和创新思维，找准发展定位，增强发展动能

中国大唐积极投身构建人类命运共同体，积极践行能源国际合作，投资建设柬埔寨斯登沃代水电和电网项目，打破柬埔寨长期缺电以及省级区域电力孤岛运行局面，为柬埔寨"既修了路又造了车"。在确保项目合理投资收益的同时，注重向驻地国提出构建地球生命共同体的中国方案、大唐路径，在印度尼西亚金光项目发起珊瑚礁修复计划和红树林种植计划，建立基金引导当地民众树立可持续发展观念，维护海洋生态健康。中国大唐巩固和拓展在东南亚国家的投资，同时积极探索与欧美发达国家更广泛的合作，与美国通用电气公司合作建立燃气数据监测诊断、培训和检修三大中心，打造中国乃至亚太地区电力智能服务基地；作为清洁发展机制全球咨询商，与壳牌、瑞典能源署、法国电力等众多国际碳买家开展合作。

展望未来，中国大唐将始终坚持底线思维和系统观念，牢固树立总体国家安全观，坚持统筹发展和安全两件大事，坚持用系统观念解决复杂矛盾和问题这一重要方法，做到高质量发展和高水平安全良性互动，在高质量发展中积极有序消化历史遗留问题、有力有效防范化解各类风险隐患，在解决历史遗留问题、构建长效机制中保障高质量发展，以企业高质量发展助推国家现代化。

第八章

中国信科集团：开创 C-V2X 技术路线，引领全球车联网发展

当前，全球汽车工业已进入快速转型升级变革期，迎来百年未有之大变局。中国新能源汽车在全球竞争中已经赢得上半场的先机，在下半场竞争中，我国将走出一条领先于发达国家的智能网联汽车和智能交通发展模式，即基于5G和蜂窝车联网（C-V2X）"聪明的车＋智慧的路＋协同的云"的车路云协同发展模式，支撑我国汽车产业和交通行业的变革，打造数字经济和智慧城市新优势，为中国式现代化建设贡献力量。作为C-V2X原创技术策源地及标准和产业发展的倡导者、推动者、领导者，中国信息通信科技集团有限公司（简称中国信科）一直致力于推动我国C-V2X技术创新、标准研制、产业落地。历时10多年，经过中国信科和产业界共同推动，C-V2X标准成为全球唯一事实标准，政策支持、技术标准、产品创新、产业化推进等各个方面日趋成熟，我国车联网产业进入快速发展新阶段。

一、中国信科：我国车联网产业发展的中坚力量

中国信科由原武汉邮电科学研究院（烽火科技集团）和原电信科学技术研究院（大唐电信集团）联合重组而成，是国务院国资委管理的中央企业。聚焦信息通信主业，面向世界信息通信技术发展前沿，面向宽带中国建设经济主战场，面向国家网络信息安全重大需求，围绕5G技术和产业发展，加快推进移动通信技术、光纤通信技术、数据通信技术、集成电路技术等深度融合，快速提升企业综合实力和科技创新能力，有效支撑和保障国家信息通信基础设施领域供给侧结构性改革，有效提升国有资本在信息通信制造领域的控制力和影响力，有效增强国家信息通信设施及网络的安全保障水平。

中国信科是蜂窝车联网（C-V2X，包括LTE-V2X及演进的NR-

V2X）原创技术的策源地，也是 C-V2X 标准提出者和标准主要贡献者。2013 年，中国信科总工程师陈山枝博士在国际上首次提出 LTE-V2X，确立了 C-V2X 的技术路线。2015 年，中国信科联合华为、LG 等企业，在第三代合作伙伴计划（3GPP）框架下积极推进 C-V2X 国际标准制定。在陈山枝博士带领下，中国信科长期深耕车联网领域，研制出业界首台 LTE-V2X 样机，推出了业界首款自研 C-V2X 芯片、首款 C-V2X 模组、首款路侧设备（RSU）和车载终端（OBU）、首台（套）测试仪表、首款网联式高级驾驶辅助系统（ADAS）域控制器……逐步形成车路协同解决方案，助力智慧公交、智慧高速、自动驾驶等落地应用，成为产业化的中坚力量。

作为领军企业，中国信科 C-V2X 技术与产业实践已得到业界的广泛认可。在 2022 中国信息通信大会上，中国信科"C-V2X 车联网关键技术突破与进展"荣获中国信息通信领域十大科技进展之一，主要包括：C-V2X 的 V2P 标准取得重要进展，提升弱势交通参与者出行安全；网联式 ADAS 关键技术突破，推动智能驾驶向网联化方向演进；C-V2X 测量仪表关键技术突破，解决仪表的高技术门槛、"卡脖子"和国产化难题，实现国际领先。2023 年世界互联网大会乌镇峰会上，中国信科凭借"C-V2X 车联网通信关键技术研究及应用"这一科技成果，荣获 2023 年世界互联网大会领先科技奖。

车联网涉及汽车、通信、交通、基建、数据、服务等多个大型产业链条，在刺激投资、消费、出口方面具备极强拉动效应，是新冠疫情冲击之后提振经济的"万亿级增长引擎"。车联网的高速增长将带动"车—路—云"三大万亿级赛道发展：智能汽车方面，中国信通院发布的《车联网白皮书（2023 年）》显示，2020 年全球智能汽车市场规模约为 6600 亿元，中国智能汽车市场规模约为 2000 亿元，预计到

2025 年，中国智能汽车市场规模将接近万亿元，2020—2025 年产业复合增速将达 36.85%；智能道路方面，瑞银证券研究测算显示，2022—2040 年，我国发展车联网所需的路侧端投资累计市场规模将扩大至 1.7 万亿元；云服务方面，预计 2025 年，中国汽车产业数字经济贡献值规模将达到 6.7 万亿元。前瞻产业研究院的测算显示，如果将"车—路—云"三大产业加总起来测算，2030 年我国智慧交通市场总规模预计高达 10.6 万亿元。

目前，我国汽车产业发展突飞猛进，已经取得显著成效。随着单车智能的推进，车联网成为赋能单车智能发展的重要技术，我国逐渐形成依托 C–V2X 技术，实现车路云一体化协同发展的智能网联汽车技术路线，加速实现交通强国、网络强国、数字中国战略，这已经成为汽车产业和交通产业转型升级的主战场，它能够深入推动我国从新能源汽车向智能网联汽车过渡，也是我国智慧交通和智慧城市发展的重要组成部分。C–V2X 已经成为继 5G 后，下一轮信息基础设施建设的重点，是我国新基建战略的重要组成部分和经济抓手，有利于进一步激活产业投资环境，带动新的万亿级市场加速形成。

二、中国信科抢滩智能网联汽车新赛道的厚积与薄发

中国信科依托自身在 C–V2X 技术不懈创新、产业布局持续投入和与业界的高效协同等优势，在推动我国车联网产业化进程中作出了独特贡献。

（一）坚持标准引领赢得科技自强自立

基于移动通信的长期技术积累，陈山枝团队率先在业界提出 LTE-V2X 概念，并进行 C–V2X 关键技术研发及国际标准推动。

第一，在国际标准方面，中国信科支撑中国企业主导、推动在 3GPP 的国际标准化工作，提升我国在国际标准领域的话语权，推动 C-V2X 在全球竞争中形成对电气与电子工程师协会 802.11p 技术的超越态势。在 3GPP 牵头完成 LTE-V2X R14/R15 标准制定，积极推动 NR-V2X 标准制定，推进 C-V2X 相关标准演进。

第二，在国内标准方面，中国通信标准化协会引领业界启动并持续开展 LTE-V2X 系列标准化工作，中国信科主持完成"YD/T3340-2018 基于 LTE 的车联网无线通信技术空中接口技术要求"；牵头联合编制"面向车联网应用场景的高精度定位总体技术要求"行业标准；联合完成网络层、消息层、增强的 V2X 应用、车路协同的高等级自动驾驶等系列行业标准，打造完整的 LTE-V2X 通信标准体系。

第三，在汽车领域方面，中国信科积极推动全国汽车标准化技术委员会、中国智能网联汽车产业创新联盟等在网联功能、LTE-V2X 技术应用等领域开展标准化工作。作为核心企业参与国家标准《基于 LTE-V2X 直连通信的车载信息交互系统技术要求》编制和标准验证。

第四，在交通领域方面，中国信科积极推动全国智能运输系统标准化技术委员会、中国智能交通产业联盟等在合作式智能运输系统、道路基础设施数字化、LTE-V2X 技术应用等领域开展标准化工作。参与制定《车路协同系统智能路侧协同控制设备技术要求和测试方法》等国家标准。

（二）技术创新引领智能交通时代

在 C-V2X 产业生态布局上，中国信科提供了拥有核心知识产权的 C-V2X 硬件产品、软件产品及整体解决方案。

第一，C-V2X 芯片。中国信科旗下的宸芯科技在无线通信技术、车规芯片架构设计、高可靠性设计、低功耗设计等 C-V2X 芯片关键技术领域已取得显著成果，为中国车联网的国产化发展贡献了重要力量，在高质量科技创新突破方面拥有突出的核心竞争力。其 C-V2X 芯片产品覆盖了多种应用场景需求，不仅提供了高性能高集成度的通信芯片方案，也能提供高可靠低功耗专用通信芯片方案，满足了车载和路侧等多种场景的需求，有力地推动国产化车联网 C-V2X 芯片新车装配普及，提升路侧设备覆盖率，实现智能化和网联化融合，促进车路云协同发展。截至 2023 年 12 月，宸芯科技 C-V2X 芯片及解决方案已与多家车载模组厂商、Tier1 一级供应商、头部车企、智慧交通领域厂商展开深入的技术合作，综合市场占有率超 30%。

以广州车联网常态化运营项目为例，广东省大力推动 C-V2X OBU 搭载上车，对上万台网约车和公交车进行了改造。在该项目中，所有 OBU 均采用了宸芯科技的 C-V2X 芯片与解决方案，实现了运营车辆与 RSU 的实时通信。宸芯科技在 C-V2X 芯片领域的技术实力和解决方案的稳定性为中国车联网行业的发展提供了有力支持，让广大车辆和路网实现更高阶的数智化。

第二，C-V2X 测试仪表。中国信科旗下的大唐联仪科技有限公司专注于移动通信测试测量领域，承担着无线移动通信全国重点实验室仪器仪表方向，肩负无线通信领域中高端仪表国产化的使命，以产品价值为根本，为客户成功、产品成功、市场成功贡献力量。大唐联仪在移动通信终端模组测试以及车联网模组测试方面都提供了完整的解决方案，广泛服务于车联网模组、车机厂家的研发测试和生产测试环节，同时 C-V2X 射频测试仪表应用于国家无线电监测中心检测中心的型号核准测试，是目前 C-V2X 型号核准测试的唯一用表。

大唐联仪推出的 C-V2X 路测扫频系统除了"新四跨"外场测试

以外，还应用于外场示范区开放道路的 C-V2X 信号覆盖测试及干扰排查，解决了示范区 C-V2X 网络验收、网络优化及维护问题，在北京亦庄示范区、重庆示范区、广州示范区等区域均得到市场应用。

第三，C-V2X 车规级模组。中国信科旗下的中信科智联科技有限公司研发的 C-V2X 车规级模组具有自主可控、优异的车规级性能，开放丰富的 API 支持二次开发，集成 AP 处理器的 All in one 设计等突出优势。C-V2X 模组处于整个产业生态核心位置，依托 C-V2X 芯片，为车载终端、路侧设备、测试认证设备提供 C-V2X 模组硬件。中信科智联模组产品线围绕以上目标，研制了面向 OBU、RSU、测试认证等设备的软硬件产品及方案，具有业内领先的包含模组硬件、协议栈和应用软件、前后装解决方案的全栈能力。中信科智联的 C-V2X 模组及 C-V2X 软件产品架起了芯片到整机之间的"桥梁"，填补了"枯燥"技术到可视场景之间的"鸿沟"。

第四，车载终端。随着 OBU 市场渗透率逐步增加，OBU 在"聪明的车、智慧的路、协同的云"智慧交通整体解决方案体系中成为关键节点，在各类用户中的应用前景广泛。为了便于后装 OBU 在用户车辆上快速推广使用，中信科智联研发出一款便捷安装的一体化 C-V2X OBU 产品 VU40E4。该产品可以满足车路协同项目 C-V2X 后装 OBU 的便捷安装需求和低成本需求，同时支持 C-V2X 和 ETC 双模功能。使用该成果可以大幅降低 C-V2X OBU 的安装难度，对外只需要连接一根电源线。经规模量产后，相比于传统 C-V2X OBU 设备成本降低 30% 以上。该产品已广泛用于面向普通消费者的后装乘用车市场，以及先导区项目、园区项目、高速项目等车路协同类项目，应用前景广阔。

第五，网联式智能驾驶方案。汽车产业智能化与网联化融合是未来重要发展趋势，将 C-V2X 融合智能驾驶可以显著提升安全性、舒适性和效率。中信科智联完成业内唯一集成 C-V2X 与单车智能融合的网联式 ADAS 域控制器方案，引领了汽车产业智能化与网联化融合，提升了我国在智能网联汽车领域的全球竞争优势。同时，该成果作为"C-V2X 车联网关键技术突破与进展"主要内容之一，荣获中国信息通信领域十大科技进展之一。

（三）产品布局推动中国智能网联方案实践前行

近年来，车联网作为一种新型产业形态，成为推动汽车制造业高质量发展的重要引擎。中国信科在推进 C-V2X 网络建设，推动先导区、示范区及双智城市建设，赋能智能驾驶和智慧交通业务等方面均落地开花，参与全国 60 多个 C-V2X 车路协同项目建设，支撑我国智能网联汽车创新发展，赋能智慧交通和智慧城市建设。

第一，支撑国家级车联网先导区、示范区落地实践。

目前，国家级车联网发展先导区已有 7 个，分别是江苏（无锡）、天津（西青）、湖南（长沙）、重庆（两江新区）、湖北（襄阳）、浙江（德清）、广西（柳州）车联网先导区。以天津、柳州等为例，中国信科分别从拓展更多应用场景、推动产业生态集聚等方面，将本地优势和发展规划相结合，发展车联网。

1. 天津（西青）：拓展更多应用场景

天津（西青）国家级车联网先导区于 2019 年设立，搭建了 3500 余个虚拟测试场、1475 亩封闭测试场、24.5 公里开放测试道路的三级测试服务体系，形成智能网联汽车研发测试完整闭环。在建设中，中国信科作为主力支持了前期 C-V2X 顶层架构设计及前期部署，负责规划建设联合实验室，后期计划在 400 余个点位部署设备。此外，在二期建设中，中国信科作为核心支撑单位参与部署路侧融合感知系统，推动实现千量级甚至万量级车载终端。作为我国北方国家级车联网先导区之一，天津（西青）车联网先导区已在基础设施改造、数字平台构建和应用场景落地等方面积累经验，并进一步助力车路协同向车城协同快速演进。

此外，天津（西青）在智能驾驶的测试和应用场景方面还有探索。西青区张家窝镇的京东无人物流配送车已常态化运营两年时间。至 2024 年底，天津市力争实现 1000 公里的开放道路，并以西青区为龙头、以先导区建设为牵引，加快推动车联网发展。车联网是车、路、基础设施、软件算法等形成的完整闭环。智慧交通对生活的融入渗透，将带来汽车等更多领域的产业变革。

2. 无锡（锡山）"双智"试点

无锡（锡山）"双智"试点项目于 2021 年 8 月启动建设，该项目完成了双向 295.4 公里智能网联道路和 183 个点位改造，其中 15 条道路单向 31.4 公里已获得公共测试道路资质认定，项目建设涵盖了全息路口、全息路段、地下环线、行人横穿预警、城市高架快速路匝道汇入汇出以及停车场，建成车路协同功能性应用场景 23 类，实现了锡东新城商务区 45 平方公里全域覆盖。

中信科智联在本项目中作为路口总集，承担了 90 多个路口智能网联路侧系统建设工作；通过 C-V2X 系统的搭建，实现路侧单元融合感知，对人、车等参与者进行识别，对交通流量和交通事件进行上报，对红绿灯灯态播发；实现了车端、路端、云端协同通信，满足各种 C-V2X 多个场景的落地应用。2022 年，在"新四跨"活动中，中信科智联助力罗伯特·博世有限公司首次实现 ADAS+V2X 融合场景，实现了感知数据共享、协作式自适应巡航、协作式匝道汇入、绿波通行等业务。

3. 西部（重庆）科学城智能网联汽车示范区

西部（重庆）科学城智能网联汽车示范区建设项目是面向智能网联汽车规模化与商业化应用的典型落地案例，按照智能网联汽车中国方案，实现车路云一体化基础设施的体系完整落地与网联示范应用生态建设。

中信科智联作为该项目车联网路端牵头单位，截至 2023 年 12 月，已建成 50 公里感知连续覆盖的城市智能道路、建设 300 余个智能路侧点位。该项目成功接入超千辆各类网联车辆，结合 C-V2X 技术特点，在 V2X 的 DAY1 标准场景基础上，针对网联公交车、无人巴士以及功能小车等多种车辆实现了 10 种云控场景，为车辆的安全驾驶，交通的高效运行保驾护航。示范区建设形成了四大标准成果：《示范区顶层设计指南》《智能路侧系统建设导则》《自动驾驶接驳巴士运营技术规范和自动驾驶》《城市道路适应自动驾驶环卫车作业智能化设施技术指南》，这将有助于各地智能网联示范区协同建设及运营。

4. 广西（柳州）：推动产业生态集聚

广西柳州市为推动传统汽车产业提档升级、培育产业发展新优势，从 2019 年开始着手开展国家车联网先导区创建工作，优化智能网联汽车研发、测试和示范应用环境，推动汽车智能网联产业集聚，打造车联网源头创新基地。中信科智联作为 C-V2X 软硬件及解决方案供应商大力推动柳州市车联网先导区一期项目建设，推进智能化道路基础设施改造，为市民出行、厂区无人物流提供智慧服务。

为更好推进柳州车联网先导区建设，"科创中国" C-V2X 车联网产业科技服务团积极推进车联网应用落地，结合道路交通条件，打造了场外无人物流环线、大规模互联互通、城市物流配送、城市出行智能网联示范、城市无人驾驶出租车、无人物流车、景区无人驾驶观光车等应用场景，立足建设安全、高效、智慧的柳州车联网先导区。

此外，还有多个城市级与企业级智能网联测试示范区，遍布我国华东、华中、华北、东北等地。在"双智"城市建设方面，中信科智联深度参与包括上海、合肥、武汉等在内的 10 余个"双智"城市建设，为"双智"示范区建设智能网联环境感知与智能交通数据融合应用的基础型开放测试道路路口，打造 V2X 测试验证和运营管理平台。

第二，助力智慧高速发展建设。

智能化是交通运输高质量发展的重要方向，包括自动驾驶、智慧公路、智慧民航在内的智能交通，是 5G、物联网、大数据、人工智能等技术与交通运输深度融合的新兴产业，也是发展数字经济、推动数字经济和实体经济深度融合发展的重要业态。截至 2023 年 4 月，我国已有 20 个省份、40 余条线路开展基于车路协同智慧高速公路建设的工作。中信科智联为山东、四川、江苏等 10 多条高速路段部署了智能路侧系统、智慧高速云控平台、智能车载系统，解决了超长隧道内无全球导航卫星系统覆盖情况下开展 C-V2X 应用的技术难题。中信科智联参与建设和运维的、已具备车路协同功能的智慧高速总里程已超千公里，居业界第一。

以江苏五峰山智慧高速为例，其在建设过程中，酝酿并实施了 20 多项致力于"智慧绿色平安"的高速公路建设管理技术，构建了"安全保障全天候、出行服务全方位、运营维护全数字、绿色建管全寿命"的高速公路新生态，成功打造了面向未来的新一代高速公路。中信科智联完整提供 C-V2X 车路协同解决方案，包括 20+RSU，50+ 感知及计算设备，10+OBU，实现子系统间有效协同；实现多个车路协同场景应用，主要包括道路状态预警、危险驾驶行为预警、区域交通诱导、车路协同自动驾驶等；提供5G＋无人机＋车路协同技术，助力高速货车编队测试。

第三，推动智能驾驶和无人驾驶落地。

2023年6月2日，国务院常务会议提出要构建"车能路云"融合发展的产业生态。目前，交通、汽车、能源、信息通信四大产业深度融合、相互促进、协同发展，共同推动形成车能路云协同交通系统。

在汽车芯片、智能驾驶领域，东风汽车与中国信科达成战略合作。双方将聚焦汽车芯片、智能驾驶、通信基础设施、示范运营4个领域，为智能汽车进行网联赋能。同时，双方发挥央企"链长"担当，将以汽车控制芯片（MCU）为合作重点，共建汽车芯片联合实验室，推进车规级MCU芯片在武汉落地布局。

中国信科还助力中低速无人驾驶实现。搭载中国信科智联C-V2X软硬件产品的量产车型，依靠C-V2X超视距和不受环境影响的特性，在实际使用中发挥重要作用。

此外，中国信科作为C-V2X车联网与智能网联汽车产业的领军企业和产业发展的重要推动力量，长期致力于联合业界推进行业研究、报告、专著等撰写，推进跨界合作交流。在陈山枝博士领衔下，中国信科车联网相关团队联合编写了全球首本《蜂窝车联网（C-V2X）》中文版和英文版专著，中文版由人民邮电出版社出版发行，英文版由德国施普林格出版集团出版，该书首次系统介绍了C-V2X原理、技术标准、产业实践。

2022年11月，在中国通信学会指导下，陈山枝博士担任《车联网产业与技术发展路线图》编写组首席科学家、专家组组长，与团队编写了《车联网产业与技术发展路线图》，最终由中国科学技术出版社出版，面向社会发行。

当下，我国新能源汽车在全球竞争中变道超车，智能网联汽车将成为下半场竞争决胜的关键已经成为行业共识。未来，依托我国主导的 C-V2X 技术，完善的技术标准、产品、解决方案和测试验证体系，车路云一体化融合发展体系架构日渐成形。

三、以高水平科技自立自强抢占国际技术制高点的启示

中国信科始终坚持党的领导，确保党的方针政策和决策部署在企业中得到贯彻落实，深入洞察国家方针和战略，积极推动中国式现代化体系建设，培育发展优质生产力。同时，随着外部风险挑战日益凸显，中国信科始终坚持自主创新，加快打造原创技术策源地，在长期的国际技术路线竞争中，中国信科不仅形成了关键技术突破能力，更形成了系统设计标准体制的创新能力，在国际标准竞争中具有话语权。随着海外市场加速布局，中国信科始终瞄准国际先进技术水平，扩大科技合作"朋友圈"，深化与全球产业链、创新链、供应链的融入整合，增强应对外部危机的底气与信心。

（一）坚持党的领导，服务支撑国家重大发展战略

2018 年 4 月 26 日，习近平总书记考察烽火科技集团有限公司，强调核心技术、关键技术、国之重器必须立足于自身[①]。总书记的重要讲话为中国信科的发展指明了方向。几年来，信科人牢记嘱托，把总书记的重要指示要求转化为奋勇前行的澎湃动力，把总书记的亲切关怀转化为践行使命的生动实践，奋力谱写集团高质量发展的新

---

① 《习近平考察武汉，强调要充分发挥人才优势》，新华网，2018 年 4 月 26 日。

篇章。

中国信科党委在习近平新时代中国特色社会主义思想的指引下，通过中心组学习、三会一课、座谈交流、辅导讲座、主题征文等形式多样的学习宣贯活动，由上而下层层传达，做到广覆盖、全方位、多层次贯彻落实。

通过不断强化落实，中国信科各级党委不断提升自身政治站位和行动自觉，主动为科技强国、质量强国、网络强国、数字中国、智慧社会建设作贡献，集团上下把思想和行动统一到习近平新时代中国特色社会主义思想上来，统一到总书记视察集团重要讲话精神上来，进一步增强"四个意识"，坚定"四个自信"，做到"两个维护"，保证党的基本理论、基本路线、基本方略在集团落地落实，体现在以下"三个担当"上。

第一，始终坚持党对集团的领导不动摇，强化为中华民族伟大复兴集聚思想动能的政治担当。集团党委坚持服务生产经营不偏离，推进党建要求进章程，完善"双向进入、交叉任职"领导体制，发挥党委领导作用，把方向、管大局、保落实，依照规定讨论决定企业重大事项，强化作风建设、纪律建设，以党建为引领，推进高质量发展，为全面建设社会主义现代化国家贡献力量。

第二，始终坚持做强做优做大国有企业，积极推动行业发展，强化为通信强国发展注入澎湃动力的义务担当。中国信科党委加快建立具有中国特色的现代企业制度，深入推进结构调整、布局优化、瘦身健体、提质增效，带动产业升级和新产业加速成长。

第三，始终坚持推进企业全面深化改革，强化为创新中国增强发展活力的使命担当。中国信科党委充分发挥"把方向、管大局、保落实"作用，坚持走"高精尖特"发展之路，激发创新主体和关键要素动力活力，厚植技术创新先发优势和比较优势。

（二）坚持自主创新，加快打造原创技术策源地

中国信科作为国家战略科技力量，始终秉持在科技创新、产业控制、安全支撑方面发挥更大作用的理念，近年来，持续在国家重大战略需求上发挥战略支撑作用，助力我国信息通信产业链韧性和竞争力不断增强。

第一，中国信科始终将科技创新"置顶"。一是在光通信领域加速突破关键核心技术。中国信科致力于"三超"光传输科研攻关，不断提升超宽单纤带宽、超高单波速率、超大单节点容量，传输容量跃升至 P 比特级，达到世界领先水平。二是解决西电东送战略中的通讯传输技术难题。中国信科实现了点对点无电中继单跨距传输距离 713 公里，打破了国外公司 620 公里单跨传输距离的世界纪录。三是海底光缆产业。中国信科成为全球范围内唯一能够"一站式"提供海底光缆建设项目 EPC 解决方案"全套服务"的中国企业。这些重大科技创新成果开启了中国信科创新驱动高质量发展的新征程。

第二，中国信科持续夯实数字化技术底座，努力将信息通信技术能力转化为服务经济社会发展的生产力。一是在广东、江苏、福建等地，中国信科携手电信运营商实现多地 200Gbps OTN 省干突破，为夯实数字底座铺路筑基。二是推动光网下深海，全光网进酒店，工业无源光纤网络入园区等垂直行业的数字赋能，让数字技术成为行业生产力引擎。三是 5G+ 智慧矿山项目赋能煤炭企业转型升级。中国信科承建了矿用 5G 专网，实现了煤矿掘进巷 2000 米至工作面的 5G 信号覆盖，提供井下至地面的 5G 高清音视频、智能掘进、智能机器人巡检等业务，有效改善了一线矿工工作条件，提高了安全生产管理效能。

（三）加速布局海外市场，持续提升全球影响力

中国信科用全球化视野，瞄准国际先进技术水平，以创新体系优化完善为抓手，加大5G关键核心技术、高端光电子器件和芯片的研发突破，努力建设全球信息通信产业科技创新高地，充分发挥在全球科技竞争中的骨干作用、在自主创新中的引领作用、在协同创新中的带动作用。

第一，坚持自主创新，C-V2X全球标准由我国主导已形成重大发展机遇。中国信科持续瞄准国际领先研发水平和国际商用最高水平，坚持将不少于年销售收入的10%投入研发，先后攻克5G关键核心技术、系列光通信前沿技术难题。在标准方面，一是C-V2X国际标准制定进程由我国主导。2013年，陈山枝博士在世界电信日大会首次向全球提出LTE-V2X车联网概念及关键技术，奠定C-V2X系统架构和技术原理。2015年开始，中国信科联合华为、LG等企业，在3GPP框架下积极推进C-V2X国际标准制定。二是我国主导的C-V2X标准已获中美两个大国采纳，成为事实上的全球标准。2018年我国率先将5.9GHz频段的20MHz带宽分配给LTE-V2X使用；2020年美国撤销分配给专用短程通信（DSRC）的频段，将其中的30MHz带宽分配给C-V2X；2023年12月，韩国宣布采用LTE-V2X作为唯一车联网技术部署韩国新一代智能交通系统。随着中美两个交通大国明确方向，英国、德国、法国、澳大利亚、日本、韩国等纷纷加强对C-V2X的政策部署和应用测试。如今，C-V2X成为全球主流路线高度确定，这对我国抢占全球智能驾驶科技制高点、加速迈向全场景全天候智能驾驶、领跑全球智能交通革命而言，具有非凡的战略意义。

此外，在其他标准引领方面，中国信科始终面向世界科技前沿。

近年来，中国信科广泛参与国际电信联盟、电气与电子工程师协会等国内外标准化组织的相关工作，主导制定 55 项 ITU 国际标准，牵头或参与制定国家标准、行业标准 1600 余项。2021 年，由中国信科等单位联合代表中国牵头制定的国际标准《智慧海洋概述及其 ICT 实施要求》完成编制工作，并由国际电信联盟正式审议通过。该标准是全球首个智慧海洋方面的国际标准，对于通过信息通信技术落实联合国可持续发展目标 14，即"保护和可持续利用海洋及海洋资源以促进可持续发展"具有重要指导意义，也是对中国一开始提出的智慧海洋构想的理想佐证。

第二，专利处于国际领先地位，提升了我国 C-V2X 的知识产权话语权和影响力。根据中国通信学会发布的《车联网知识产权白皮书（2022 年）》，我国企业 C-V2X 发明专利全球占比超过 50%。截至 2022 年 5 月，中国信科 LTE-V2X 专利在全球位列第三，在华位列第二；NR-V2X 专利在全球位列第三，在华位列第二。

中国信科 2012 年即开展我国自主知识产权的 C-V2X（LTE-V2X 和 NR-V2X）技术标准研究、产品开发和市场推广工作。专利方面一直在模组、C-V2X 终端设备、车路协同解决方案等多个产业方向上围绕车联网关键技术进行全球专利布局。截至 2023 年底，中国信科获得中美欧日韩等国授权发明专利 548 件，其中，436 件为标准必要专利，提升了我国在车联网标准和知识产权领域的话语权和国际影响力。

第三，持续拓展海外市场，解决方案在全球多个国家和地区接连落地。如在印度尼西亚"村村通"项目中完成了核心岛屿以及上百个偏远岛屿的网络覆盖，有效改善了当地人民的生活质量。在菲律宾国家通信骨干网项目中，中国信科承担了总长超过 1000 公里的海底通信网络建设。该项目建成后将形成覆盖菲律宾全境的"信息高速公路"，突破原有骨干网带宽受限问题，极大提高菲律宾通信网络安全可靠性。在阿尔及利亚信息技术发展相对受限的地方，中国信科深入撒哈拉沙漠无人区，采用了专门针对超长距单跨段传输研发的遥泵系统，成功解决了在沙漠地区建设100G的通信难题。面向6G时代，中国信科强化星地融合关键技术储备，促进实现海洋、沙漠、森林等偏远地区的全球全域覆盖，为数字地球的全场景泛在连接奠定技术基础。成绩单一次次刷新的背后，是中国信科"让信息科技更好造福人类"的价值追求。

面向未来，中国信科面临科技创新的新形势、市场环境变化的新挑战、企业高质量发展的新要求，更肩负着建设网络强国、数字中国，助力信息通信高水平科技自立自强的重任，中国信科将持续聚焦国家信息产业规划，瞄准国际研发先进水平和国际商用最高水平，集中科研资源和创新力量，加快实现集团产业技术创新持续突破，持续增强自主创新能力，加快实现高水平信息科技自立自强，进一步提升高质量发展能力，努力构建具有全球竞争力的世界一流信息通信企业。

第 九 章

广东省交通集团：数字化建设谱写高质量发展新篇章

广东省交通集团有限公司（以下简称集团）是2000年经广东省委、省政府批准成立的大型国有资产授权经营公司，注册资本268亿元，业务覆盖高速公路和道路基础设施投融资建设和经营管理、出行服务和物流、与交通设施相关的土地等配套资源综合开发经营和相关服务。作为广东省交通运输行业的领军企业，集团始终致力于交通基础设施的建设与发展，积极参与粤港澳大湾区建设、广东"一核一带一区"建设，服务于交通强国战略。截至2023年，集团投资运营管理的高速公路里程超8000公里，约占广东省通车里程的71%，资产规模和运营的高速公路里程均在全国省交通集团中名列前茅。累计获得知识产权2107项，其中，发明专利117项，实用新型专利482项，外观专利30项，软件著作权617项，编制指南25项，标准36项；累计获得各类奖项277项。

"十三五"以来，集团始终围绕人的出行和物的流转，致力于打造集投资、建设、运营于一体的国有资本投资集团。在国资委数字化转型的指导下，集团紧密结合数字技术发展趋势，积极推进数字化、网络化、智能化建设，管理信息化能力显著提升，高速公路、出行与物流等产业的数字化发展取得积极进展，数字基础设施支撑能力显著增强。

一、以实际行动展示交通运输高质量发展内涵

党中央高度重视交通运输工作。党的十九大报告提出建设交通强国，党的二十大报告提出加快建设交通强国，中共中央、国务院先后印发《交通强国建设纲要》《国家综合立体交通网规划纲要》。我国交通运输行业在取得令人瞩目辉煌成就的同时，也面临着质量、效率和

动力方面新变革所带来的新机遇与新挑战。随着全球科技革命和产业变革的不断深化，数字经济、人工智能等新技术、新业态正成为推动经济社会发展的新引擎，也在引导交通运输行业向更深层次、更广泛领域的信息化、智能化迈进。

集团作为广东交通运输行业的领军企业，始终以习近平新时代中国特色社会主义思想为指导，全面贯彻党的十九大和二十大精神，按照中共中央、国务院和省委、省政府关于深化国有企业改革发展的决策部署，坚持新发展理念，锚定高质量发展目标，抢抓新基建和数字经济发展机遇。集团坚持百业兴旺交通先行，围绕人的出行和物的流转，创造投资、建设、运营一体化服务价值的大型国有资本投资集团在广东省、粤港澳大湾区发展中发挥关键支撑作用的总体发展定位，根据集团管理运营与生产业务对信息化支撑需求，结合数字技术发展趋势，积极推进集团数字化、网络化、智能化建设，在集团产业发展助力、数字产业新业务培育、信息化基础支撑夯实等方面取得了建设性成果。

（一）高速公路产业数字化建设不断加强

集团围绕高速公路建、管、养、运全生命周期积极推进信息基础设施建设。

1. 在建设管理方面

建设管理系统推广应用于所有建设项目，提升了公路工程计量支付、档案管理数字化水平；结合现场智能建造、安全管理、质量监督相关信息系统的综合应用，全面提升了在建项目质量、进度与成本的管理能力。积极推进基于 BIM 的正向设计、项目协同管理应用，并在南沙大桥、深中通道、黄茅海跨海通道等重大工程项目中取得积极成效。

2. 在路网运营管理方面

按照"集团—路段公司"两级架构模式在全集团建设推广路运一

体化平台，实现了集团全网 25405 路视频、交调、气象等道路环境感知设备、可变情报板等信息发布设备的接入与控制，提高了道路事件感知、路网调度、路政管理、应急处置、信息发布数字化水平。高效完成取消高速公路省界收费站任务，全省 ETC 用户累计达 2200 万户，电子收费成为主流收费模式。积极推进智慧公路试点建设，依托加快推进新一代国家交通控制网和智慧公路试点任务，在北斗高精度技术应用、车路协同等方面取得积极突破。

3. 在养护管理方面

面向全集团各路段公路推广应用公路养护管理平台、机电运维管理平台，提升了公路养护管理、机电设备管理的数字化水平。应用物联网技术不断提升桥梁、隧道等重要结构物及设施的智能监测水平，目前在线监测已覆盖集团内所有特大桥及粤港澳大湾区等重点桥梁，总体规模位居国内前列。

（二）出行与物流数字化能力不断提升

"十三五"以来，集团不断加强客运业务信息化资源整合，在省内客运业务方面，打造线上客户服务平台，汇聚了 600 万会员用户的交易信息，推动道路客运及配套业务从班线经营为主向产品多元化转型。

在跨境客运业务方面，大力推广覆盖粤港澳三地的电子售票服务，建立微信售票平台、搭建自动售票机网点，极大提高了旅客出行的便捷性。材料物流根据业务生产需要，建设了沥青物流管理系统、OLS 数据管理系统，跨境物流根据业务生产需要，建设了货运管理、仓库管理、项目管理、沥青运输管理、车证管理、国际货代管理、报关管理、GPS 跟踪等各类业务系统，为物流生产管理提供了有力支撑。

在服务区管理方面，建设了招商和招投标、加油站管理、通驿商品零售、广告资源综合管理等系统，为高速公路服务区商业经营业务提供信息化支撑。在道路救援方面，道路救援系统经过多轮优化升级，建成了呼叫调度监控指挥综合服务平台，可全天候 24 小时通过 96533 客服热线、微信公众号、网页端等多渠道接收高速公路车辆救援信息，开展救援业务。

（三）数字产业化发展取得积极突破

交通数字服务产业发展成效显著。集团基于多年高速公路主业板块数字化建设经验，形成了机电集成服务能力、建管养相关业务的信息服务能力，推出公路建设养护、监测分析、应急指挥、监管执法、稽核管理、用户服务等系列解决方案，面向 15 个省市推广系列智慧交通软硬件产品，成功打造利通科技行业品牌。交通大数据增值服务取得积极突破，借助国家大力发展 ETC 契机，集团形成了以"粤通卡"应用为核心的车主服务平台、智慧交通大数据平台和云边一体的机器视觉智能稽查体系，向广东省政务服务和数据管理局、广东省交通运输厅提供高速公路货运、高速公路断面车流量等大数据增值服务。

二、数字交通驱动广东省高速公路创新发展

广东省交通集团秉持数字赋能交通、拓展美好生活的理念，致力于通过创新改革激发核心竞争力。为实现此目标，集团充分运用新一代数字技术，积极布局数字交通产业。通过着力打造高精度数字底图，构建具备智能化运营管理与决策支撑能力的"数字大脑"。在此基础上，大力发展高速公路出行服务，旨在通过数字交通推动广东省高速公路高质量发展。

（一）构建高速公路高精度数字底图，打造面向交通行业的基础数据平台

为提升高速公路管理信息化、智能化水平和公众出行体验，2022

年 7 月集团启动高精度数字底图项目。该项目以高精度地图数据为基础，结合行业数据，为高速公路建、管、养、运、服提供基础支撑，是构建数字孪生公路体系的重要基础设施。项目旨在推动基础设施数字化改造，打造新型数字基础设施，初步建成数字孪生公路体系。项目已入选广东省促进经济高质量发展专项资金项目清单和 2022 年度交通运输行业重点科技项目清单。

项目通过建设"云图"底座及数据治理，实现集团高速公路全要素采集、制作和部署，完成集团高速公路的核心数据汇聚展现及高精度数字底图平台建设，初步建成数字孪生公路体系。并以此为基础构建全业务生态的数字孪生应用，提升高速公路管理智能化水平和道路安全保障能力。通过集约化建设降低成本，提供高精度底图服务支持集团外应用，为探索未来智慧高速运营和商业模式提供基础平台。

1. 高精度数字底图构建技术研究

深入研究高精度地图数据制作及数字孪生相关技术，主要包括高精度地图采集制作及三维仿真建模、高速公路高精度地图引擎、数字孪生引擎、交通仿真引擎及开放平台构建。

项目在全国范围内首次建成覆盖全省所有高速公路的高精度数字底图，包括覆盖全国的标精矢量电子地图数据，覆盖全省的影像、地形、实时路况、二三维车道级高精度数据及设备设施三维模型，1147 公里重点路段精细化三维模型数据，504 公里重点路段倾斜摄影模型数据，以及在此基础上构建的覆盖全省的高速公路三维大场景模型，数据总量达 16.6TB。

依托高精度地图引擎、数字孪生引擎、交通仿真引擎，开放共享平台将引擎功能、图层服务、数据治理成果、图业融合服务以共享接口的方式，向社会各单位提供高效、易用、持续更新迭代的服务，不但填补行业空白，同时为产业数字化转型提供坚实基础。开放共享平台已上架 86 项引擎功能服务、70 个图层服务、263 项数据治理成果、32 项图业融合服务。

2. 基于空间数据及业务数据融合的数据治理技术研究

项目通过汇聚交通实体数据和模型，实现交通高精度地图、动态感知、交通事件、养护、环境等多源、多维数据融合，构建面向业务应用的主题数据。提供集多源数据接入、数据清洗、格式转换、坐标转换、数据建模、质量控制为一体的全链路数据治理能力。结合集团已有主数据标准、地图数据标准，建立适用集团道路资产管理的统一数据模型，并针对海量异构数据处理提出高效合理的技术方案。

项目通过抽取收费、监控、养护、路政、运维等业务系统的道路资产类数据，进行空间数据与业务数据挂接，融合治理后形成高速公路行业特色数据，提供 180 项指标数据、243 项数据服务并在服务的过程中持续治理和更新数据（见图 9-1）。通过对设备设施数据的深度融合分析，完成集团道路资产主数据的清洗转换、质量标准化，构建出高速公路道路资产数字化的数字底图模型。以集团主数据标准为基础，编制适用于高精度数字底图项目的主数据标准，进一步推动集团道路资产主数据统一管理体系的建立。

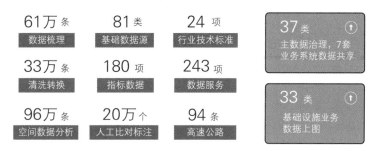

图 9-1 "高精度数字底图" 业务数据治理成果

资料来源：高精度数字底图业务数据库。

3. 集团全链条数字化应用升级研究

以高精度数字底图公共服务能力为支撑，建设路网运行及应急指挥调度一张图、路网机电设备管养一张图、道路设施养护及其应急处治一张图、道路资产集成呈现四大业务系统，为信息化应用体系建设提质增效。

路网运行及应急指挥调度一张图平台包含升级集团路运一体化系统和新建应急指挥调度系统。路运一体化的升级主要体现在基于高精度数字底图对地图和数据能力的赋能提升。新建的应急指挥调度系统，主要包含应急基础管理、路网运行监测预警、应急过程管理、应急辅助管理等模块。

路网机电设备管养一张图平台遵循集团"1+N"的机电大运维模式，对原"1"平台（数字监测与运行支撑系统）进行地图、数据及技术架构升级，构建路网机电设备管养一张图 SaaS 平台。新增机电全域监测、智能决策分析、统一故障抢修等功能。建设机电运维管理系统，实现数据自动上报功能。

道路设施养护及其应急处治一张图平台，以集团在用的公路养护信息管理平台为基础，整合桥梁健康集群监测、隧道结构安全集群监测等系统，升级打造为道路设施养护及其应急处置一张图平台。持续深化基础设施感知、科学养护决策、日常养护管理、养护工程等应用，加强应急指挥调度体系建设，推进应急处置数字化应用的建设工作，实现风险研判、监测预警、快速处置调度等功能。

道路资产集成呈现，包含搭建数据校验平台及构建领导驾驶舱。数据校验平台支持质量校验规则管理、生成数据质量报告、道路资产上图服务，模型空间挂接、资产盘点等功能。领导驾驶舱基于高精度数字底图，从多主题、多维度呈现道路资产的基础信息以及关联业务概况。

4. 高速公路全周期数字化与治理技术及标准研究

依托本项目，开展全生命周期高速公路设施数字化表达及标准研究、高速公路车流数字化表达及标准研究、数字高速公路数据治理及平台构建技术研究、高速公路高精度数字底图数据共享交换研究。形成高速公路交通流数字化表达技术规范、高速公路全生命周期地理要素高精度表达规范、高速公路高精度数字底图数据治理规范、高速公路高精度数字底图数据共享交换规范 4 项标准，对数字高速公路建设具有重要指导作用。

5. 高精度数字底图试点应用

高精度数字底图试点应用包括智慧收费站、智慧服务区、智慧隧道、车流数字孪生等各类智慧公路场景。高精度数字底图为各类试点应用提供地图数据服务、引擎功能服务及业务数据服务，支撑高速公路运营管理模式创新。

智慧收费站场景：依托广珠西线南丫智慧收费站建设项目，利用高精度数字底图提供的数字孪生、车流数字化技术，结合云收费、主线自由流、智慧管控、潮汐车道等先进技术，实现交通流预测、车流车道智慧分配、特情车辆提前发现等创新应用，达到科学治堵、精准管控、品质服务、降本增效的建设目标。

智慧服务区场景：依托湛江机场高速智慧服务区建设项目，将高精度数字底图与数字孪生技术融合，应用于服务区运营管理场景，结合智慧停车引导系统，确保车辆安全、准确、快速停车。

智慧隧道场景：依托汕梅高速改扩建智慧隧道试点项目，以高精度数字底图作为基础数据支撑平台，结合智慧隧道综合管控方案，打造高精度地图、数字孪生、AI 人工智能技术融合的多功能应用场景，提高隧道车辆安全通行效率。

车流数字孪生场景：依托佛开高速基于雷达卡口视频的异常事件感知和车流数字化服务项目，利用高精度数字底图提供的精细化三维模型及各类业务数据，为佛开高速高分可视化聚合呈现提供底座支撑。

（二）打造集团数字大脑，助力集团数字化转型

随着大数据和人工智能等新型技术的飞速发展，为了更好地支撑集团实现数字化转型，集团开展了"数字大脑"建设，旨在通过构建智能化的数据管理、分析和应用，实现集团数据资源的高效利用，提升集团经营管理水平和决策效率，推动集团持续健康发展。

集团"数字大脑"是一个依托云网一体化的数字化基础设施，利用云计算、大数据、区块链和人工智能等先进数字化技术，实现智能化的运营管理和决策支撑的软硬件平台集成。"数字大脑"分为数字基础底座、数据中台、能力中台、网络安全和数据安全、企业文化、员工培训体系六大部分，将集团内外部各种业务数据与管理数据进行整合治理和分析挖掘，构建智能化的数据管理、分析和应用支撑，辅助经营决策和业务处理，驱动业务系统的数字化升级，赋能集团建、管、养、运、服各项业务，推动集团提质增效、降本增效，助力集团数字化转型和高质量发展。

1. 建设具有高可用保护、灾备及双活能力的数字化基础设施

通过建设数字化基础设施，向"数字大脑"提供存储、处理和传输数据的能力，从而实现数据分析和决策支持的功能。

在云的能力方面，集团建成清远广乐数据（灾备）中心，机架规模为 209 个标准机架，完成超过 375 套信息化系统迁移上云。同时集团正在韶关新建主数据中心，与原有广乐数据中心形成双中心双活架

构，为关键业务提供高可用保护、灾备及双活能力。

在网的能力方面，集团基于"自有资源为主，外部资源为辅"的原则，以自建骨干通信网、SD-WAN专网为主，租用运营商专网为辅提供服务，形成收费网、监控网、信息化网3套业务专网，并为实现集团与子企业间SD-WAN组网、对接国资国企专网提供可靠网络支撑。

2. 构建具有数据采集、存储、处理、治理、共享能力的数据中台

"数字大脑"的核心功能之一，在于对海量数据进行整合、分析与应用，以支持决策并推动业务发展。为实现此目标，集团积极推动数据脉络梳理工作。通过梳理数据脉络，掌握了数据在数字大脑中的流动、关联及变化，找到了数据的内在联系与规律，为理解与分析数字大脑奠定基础、助力数字大脑进行推理与决策、助力未来实现更高级功能与更精确决策能力奠定基础。

集团通过建成统一数据中台，上线集团数据资源管理、集团内部数据交换网关能力，并且依托集团现有的数据管理架构、制度、流程，推进各业务领域数据入仓、治理和共享。截至2023年，数据中台完成了行政管理、基础设施、路网运行与监测、出行服务、收费五大类334个数据项超千亿条数据的入仓，经治理后形成了一批高价值的数据资源，并在集团内实施了297个数据项的共享，支撑集团内数据应用。

下阶段集团将进一步完善数据中台的基础"四库"能力，包括：基于入仓数据资源建设基础主题库，提供标准化基础数据；建设业务主题库，提供标准化融合汇聚数据；建设基础指标主题库，提供标准化的基础指标定义和指标数据；建立实时主题库，实施业务数据的实时监控分析。同时持续完善数据管理和数据治理制度体系建设，重点

开展数据治理的基础工作（元数据管理、数据分类分级、数据认责）和专项工作（主数据管理、数据校核清洗）实施，实现厘清集团数据家底，提升数据质量，促进数据有效利用，推进数据资源化、数据资产化、数据业务化的发展。

3. 打造具有智能思考功能的能力中台

"数字大脑"是集团智能化运营管理和决策支撑的核心。通过构建具备强大计算能力和数据分析能力的数字大脑，集团可实现对交通运行状况的实时监控、预测和分析，并提高应急处置能力，快速响应突发事件。这种智能化决策和管理模式，将极大提升集团的运营效率和服务质量，促进了集团的高质量发展，还能为集团制定长期发展战略提供科学依据。

集团通过整合高精度数字底图能力、AI能力、流计算能力、区块链能力，打造强大的计算能力和数据分析能力，高精度数字底图能力中台以"图"为抓手，整合业务数据，构建数字底座；以"图"应用为纽带，打破业务壁垒，充分挖掘数据价值。AI能力中台开发AI自动数据标定技术，完成交通行业场景预训练模型、小样本及自动标注技术研究。下阶段将进一步开展AI算力、数据、算法和应用研发体系建设，为AI应用提供算力、算数、算法和应用研发环境支撑。流计算能力中台依托分布式的流式计算引擎，融合实时数据分析处理能力，实现日均实时处理数据量4亿条，峰值处理能力60万条/秒，运行40个数据计算与指标计算作业。

后续，"数字大脑"还涉及数字神经元、数字神经回路、数字神经网络的建设。利用计算机技术和数据分析方法来模拟人脑的认知过程和神经网络模型，实现智能化的决策、创新和问题解决。数字神经元是数字领域的基础单元，它们相互连接、传递信息，构成了数字大脑的基本结构。数字神经回路是指这些神经元之间形成的特定连接路径，用于处理和传递特定的信息。数字神经元和数字神经回路都是构建数字大脑不可或缺的重要组成部分。

当然，数字大脑并不是一次性建成的，而是一个持续演化的过程，需要不断地进行迭代和优化。数字大脑需要不断地学习和适应新的数据模式、不断地调整和优化其算法和模型、不断地进行功能扩展和性能提升、不断地添加新的功能和模块以满足新的需求、不断地提升其性能以应对更大规模的数据和更复杂的分析任务，以及不断地进行安全加固和隐私保护。只有这样，数字大脑才能不断地适应新的需求和挑战，为企业和社会创造更大的价值。

4. 强化面向数字经济技术体系的安全保障能力

网络安全：清远广乐数据中心的基础设施系统和云平台已完成三级等保测评，在管理组织保障、管理制度约束、管理流程执行、技术纵深防御、运维常态运行等方面得到认证。

数据安全：集团数据中台建设了包括身份认证、权限控制、数据加密、数据动态脱敏、数据备份、日志审计等数据安全防护技术功能，识别敏感数据进行防护实施。目前正在进一步建设可信数据空间技术底座，搭建以多方安全计算、联邦学习以及可信执行环境等跨域隐私计算为核心的数字经济技术体系，解决集团内部数据流转、外部数据流通交易过程中敏感数据可用不可见的数据安全问题，保障数据要素使用的合规性和高效性。

5. 建设开放平台与生态系统

基于数据中台和 AI 能力中台的"数字大脑"驱动能力，以高精度数字底图和出行服务平台作为抓手，逐步归拢整合集团内部各业务系统，打造开放平台，构建稳定、安全的 API 接口，实现与外部系统的互联互通和数据共享，并通过多方参与的协同机制，与合作伙伴共建面向多行业多业务领域、开放且协作的智慧应用生态，促进互利共赢。

（三）培育数字化产业，打造广东高速出行服务新体验

为全面贯彻国家关于加快交通强国、数字中国建设的战略部署，深入落实关于国资国企数字化转型有关要求，在面对交通行业由大建设向大运营、优服务转变的大趋势下，为顺应人们消费观念的不断升级和公众高品质出行的现实需求，集团在发展规划中明确提出智慧出行服务战略，启动面向车主的统一服务平台项目建设，通过整合集团旗下各种出行服务和商业资源，打通统一流量入口、出行数据链条以及线上线下跨场景应用，解决入口分散、系统不通、服务协调度差、线上线下场景单一等问题，进一步增强用户触达能力、数据投送能力和优质服务推送能力，高标准打造路网车主出行服务平台——"粤通行"品牌，聚焦提升公众出行服务质量和路网出行服务水平，构建高速沿线出行服务商圈。

"粤通行"是集团投资并自主研发的统一出行服务品牌，是基于集团的交通大数据，综合运用高精度数字底图，整合集团独有资源和相关服务，面向C端构建的统一路网出行服务平台。"粤通行"平台的建成，将实现覆盖全省高速路网的出行服务"一张网"，为车主提供出行前中后全过程伴随式服务，使车主享受绿色、便捷的出行体验。

针对当前高速公路出行服务的同质化问题，为更好地满足车主个性化的出行需求，突出平台的差异化竞争力，"粤通行"通过整合集团独有的优势资源，为公众出行提供路况资讯、道路救援、服务区、粤通卡服务、实时平均车速以及线上出行服务商圈六大特色服务，使得

出行服务更精准、更全面、更便捷。

路况资讯功能，助力车主掌握更权威的道路信息。通过此功能，用户可直观、实时查看了解高速路面的通畅情况，包括高速拥堵、高速事件、路段资讯，精准、实时查询车速和车流量等路况信息，辅助用户在出行前进行路径规划以及错峰出行，提高出行效率和体验。

服务区功能，助力车主提前获取更精准状态信息。"粤通行"是全国首个呈现广东高速公路全量519个服务区信息的出行应用，与现有导航软件相比，可实时查看服务区的运营状态，还可查询服务区车流量饱和情况，帮助车主有效避开繁忙服务站，避免加剧服务区拥堵；同时，新增了服务区充电桩实时状态查询功能，帮助新能源车主实时掌握桩站状态，避免扎堆排队充电，大大缓解新能源车主的里程焦虑。

道路救援服务，助力车主全程掌握实时的救援动态。与其他救援服务不同，"粤通行"的一键救援功能步骤快、信息准，用户只需简单的信息填写，系统即可快速生成准确的地理位置，消除道路救援步骤复杂、地点描述不清楚而影响救援速度的痛点，并对救援进行全流程呈现，掌握实时的救援动态，有效缓解因发生事故所产生的焦虑感。

粤通卡服务功能，助力车主便捷使用 ETC 服务。为方便用户使用粤通卡相关服务，平台已无缝接入了现有的粤通卡功能，包括粤通卡网点查询、ETC 拓展应用、ETC 办理、ETC 激活、ETC 产品检测等，与现有粤通卡平台体验一致，为车主提供全面贴心的服务保障。

实时车速功能，助力车主实时掌握车流态势。"粤通行"推出的实时平均车速功能将会呈现在平台客户端的导航地图上，在全国同类出行平台尚属首创，相比于目前主流地图导航软件所呈现的车流状态（红绿蓝），实时车速功能是通过对高速门架设备与在途车辆进行实时交互的数据进行一系列算法分析实现，具有更实时、更精准的特点，为车主出行前路径规划和出行中的行车决策提供更科学的依据。

线上商圈服务功能，满足车主高速沿线"吃住游购"需求。"粤通行"推出的线上商圈服务功能将整合集团服务区特有资源及高速公路沿线各类商业资源，建设跨场景、多连接的线上出行服务商圈。通过引入高速公路及沿线"吃住游购"等路衍经济业态，建设用于商业地推的全员分销微信小程序"粤通圈"等平台，为合作商家提供入驻、合作引流、商品推广、服务消费等商圈服务，探讨建立"吃住游购"评价体系，打造全国首创的高速公路版"大众点评"式平台，满足车主高速沿线"吃住游购"个性化需求。

三、以数字化建设推动高质量发展的主要经验

集团以数字化建设作为推动高质量发展的核心驱动力之一。在数字化建设过程中，集团始终遵循实际需求导向，以降低运营成本、创造转型价值、提供优质服务为目标。通过深入规划、运用新一代数字技术，以及布局数字交通产业，为广东省高速公路行业的信息化和智能化发展提供强有力支撑。

（一）坚持广泛业务调研，做深做实规划设计

"数字大脑"建设的核心在于紧密贴合业务部门的需求和协作。业务部门作为数字大脑建设的主要受益者和使用者，其需求与意见对于项目的成功实施具有至关重要的意义。通过与业务部门的紧密协作，可以确保数字大脑的功能与性能能够切实满足实际业务需求，提升业务效率和质量，为集团发展提供坚实支持。此外，业务部门能够提供宝贵的业务知识和场景支援。业务部门了解运营模式，既能帮助"数字大脑"更好地适应业务环境，也能提出反馈和建议，以促进"数字

大脑"功能的完善和性能的优化。

集团"数字大脑"持续利用汇聚的数据资源及数据治理成果进行业务赋能，支持和协助集团下属各业务部门、数商企业，在集团各个业务领域，进行业务流程和运营模式分析、市场和行业趋势调研，了解用户需求和痛点，识别需要优化和改进的业务领域，找到业务优化和创新的具体场景，开发多领域数据融合的对内/对外数据产品和服务，助力业务智能重塑，以数据赋能为抓手，推进各项业务提质、降本、增效。

集团"出行服务平台"以提供公众安全便捷高效出行服务为根本出发点，通过实地走访、座谈、视频、网络等多种形式，对集团内外智慧出行服务的建设和发展现状开展深入调研，并围绕规划建设，面向车主出行服务平台的难点、堵点、痛点进行研究分析，为平台建设提供重要依据。2023 年，集团开展了密集深入的调研工作，包括对 5 家省外高速服务运营公司、3 家互联网公司、2 家出行导航公司、6 家集团旗下出行服务企业的前期业务调研；开展 12 次问卷调研，召开 34 次现场会议、16 场线上视频会议，进行 5 次高速服务区实地走访。通过深入细致的工作，集团获取了大量一手资料，全面了解了出行服务发展现状，深入梳理了出行服务资源，为做实项目规划和设计提供详尽的数据支撑。

（二）构建云图一体的数字孪生公路体系，赋能智慧高速场景建设

高精度数字底图项目摒弃了传统单路段区间、单场景智慧公路试点应用模式，选择基于云平台构建统一的地图基础底座，致力于打造完整的云图一体的高精度数字孪生公路平台。该项目已成功构建覆盖全省高速公路的数字路网，并具备地图服务和数据服务能力，向 33 个融合高精度数字底图数据和各板块业务数据的图层提供服务。基于这

些服务，进一步开发路网运行及应急指挥调度、路网机电设备管养、道路设施养护及应急处置、道路资产集中呈现等生态应用，为集团内路段的地图业务应用及智慧公路场景建设提供了便捷、高效的快速开发能力。通过赋能升级原生产系统，实现业务应用的全面提升。此外，高精度数字底图还可应用于公路安全应急数字化、路网智慧管控、智慧出行、车路协同辅助驾驶等智慧高速场景建设，为我国高速公路管理与发展注入新活力。

（三）应用新一代数字技术，构建高精度数字底图和"数字大脑"新质生产力

抢抓新一轮科技革命和产业变革机遇，推进交通运输行业数字化转型发展。把握新一轮科技革命和产业变革新机遇的战略选择，推动企业技术、业务、人才、资本等要素资源优化配置，提高经济效率，降低企业运营成本，重塑竞争优势，是实现传统高速公路产业高质量发展的必由之路。

通过构建高精度数字底图服务，打造具备智能化运营管理和决策支撑能力的集团"数字大脑"，以此充分发挥集团海量交通数据资源和全业务应用场景优势，驱动集团业务系统的数字化升级，赋能集团建、管、养、运、服各项业务提质增效、降本增效，助力集团数字化转型和高质量发展。

借助新质生产力提升集团创新能力。创新是企业高质量发展的核心驱动力，新质生产力为集团提供了更多的创新机会和资源。通过加强产学研合作、平台赋能业务等方式，集团可以更加高效地获取和应用新知识、新技术，推动创新成果的转化和应用，实现数字交通驱动高速公路创新发展的目标，为广东省乃至全国的经济发展注入新的活力。展望未来，集团会继续加大在新质生产力领域的投入力度，推动

数字交通产业的持续创新和发展，为经济社会的繁荣作出更大贡献。

（四）统购降成本、集约出效益、转型创价值

经过综合采购以降低成本、资源整合以提高效率、业务转型以创造价值，实现效益提升和价值创造。

统购降成本。调研结果显示，交通强国试点示范中涉及智慧公路示范的省份均开展高精度数字底图的建设工作，从广东省内外已经建成的示范工程分析，高精度地图和支撑引擎平台的建设成本平均为每公里3万元左右，集团按照8000公里测算，需要约2.4亿元。项目通过统购统建平台的方式，用于高精度地图采集和制作的费用不超过3500万元，引擎平台建设不超过1000万元，云平台建设不超过2500万元，大大降低了项目统建成本。

集约出效益。为了降低业务应用系统的开发成本，通过顶层设计、专项规划做好地图服务和数据资源管理相关信息系统的资源整合，实现集团内地图、数据治理等相关业务的统一基础架构、统一技术体系、统一数据标准。引入低代码开发等技术，大幅度降低了各个路段公司业务应用开发部署的门槛和成本，业务应用所需的地理信息系统平台、数据库平台、服务器资源、网络等算力资源也可以大大节省。

转型创价值。通过高精度数字底图项目实现高速公路建、养、管、运数据的治理，实现地图表达、事件定位的高精度化，数据质量的高精度化、地理强相关化。高精度数字底图提供的高精度点云、高精度养护巡查和养护监测等系统数据，将为自动驾驶厂商、互联网信息服务商提供高价值数据。同时，经治理的ETC门架系统数据，融合相关数据将具有更高的稽核能力、数据挖掘潜力，真正配合集团数字产业化转型升级。

（五）面向时代需求，顺应数字消费发展，为出行者提供智能便捷的出行服务体验

"短缺供应"时代的高效出行需求正向"体验经济"时代的高品质一站式出行服务需求转变，人民群众的出行需求从基本满足向优质体验转变。数字化出行助手和"互联网+"高效物流是顺应数字消费发展的新模式，有助于提升出行体验和物流效率，帮助企业形成以客户为中心的服务体系，为传统高速公路产业带来新的发展机会。

集团作为拥有"高速公路投建营、客运、物流"等公路交通运输全要素的大型国有资本投资企业，通过紧抓数字出行服务发展机遇，围绕高速公路车的出行，牢牢把握人的服务和物的流转需求，按照"出行即服务"发展理念，依托场站、线路、跨境运输等资源优势，创建"粤交出行"服务平台，打造集团数字经济时代新优势，实现集团高质量发展目标。

第 十 章
高质量发展实践探索的
启示和建议

新时代新征程上推动高质量发展，是关系我国发展全局的一场深刻变革，对党和国家未来工作提出了更高要求，必须提高站位，加深理解，突出重点，把握关键。历史和实践充分表明，实现高质量发展是不断探索的过程，本书选取的创新实践案例，为我们在新征程上牢牢把握推进中国式现代化这一最大政治，牢牢把握坚持高质量发展这一新时代硬道理，加快发展新质生产力，带来许多生动示范和有益启示。

（一）主动融入服务国家战略，坚定高质量发展导向

1. 实践探索

上海市松江区按照推进与长三角周边城市分工合作的指示要求，以更高站位、更广阔视野，服从服务长三角一体化国家战略，着眼服务高水平科技自立自强，推动科技创新与产业创新跨区域协同和深度融合，从传统的农业县、房地产占"半壁江山"的近郊区，跃升为有力服务支撑国家区域重大战略的创新策源地。2023 年 12 月，长三角 G60 科创走廊再次写入中共中央文件《关于支持上海加快"五个中心"建设的意见》，赋予其新的重大使命，从秉持新发展理念的地方探索上升为服务国家战略的重要平台。

在国家实施"健康中国"战略和共建"一带一路"的大背景下，全球科技创新进入空前密集活跃期，加速催生了基因检测、远程医疗、智慧医疗、个体化治疗等健康服务新业态和新模式，口腔医疗产业将迎来蓬勃发展的战略机遇期。佳木斯市审时度势，把发展"口腔 +"产业作为高质量发展的重要抓手，全面推动"中国牙城"的建设，引领和撬动整个城市的经济社会发展。

中国大唐围绕"四个革命、一个合作"能源安全新战略和碳达峰碳中和目标愿景，以"二次创业"的激情斗志，为中国式现代化扛起

能源安全保障责任，大力推进清洁低碳、安全高效的能源体系建设，扎实推进能源绿色低碳转型，以电力行业绿色生产力为引领，加快发展新质生产力，扎实推进高质量发展，自觉服务"国之大者"。

2. 主要启示

在高质量发展的道路上，深度融入国家战略，主动担当和示范引领至关重要。国家战略是国家发展的总体规划和长远目标，通过加强顶层设计、优化产业结构、提升基础设施效能等多方面的努力，不仅有助于形成全国一盘棋的发展格局，还能够充分发挥各地的资源优势，实现优势互补、协同发展，主动融入其中能够确保发展路径与国家大局相契合，避免盲目性和短视行为。积极响应国家号召，既能为实现国家的整体发展目标贡献自己的力量，也能通过深度参与国家战略的实施，充分利用政策红利、资源优势和市场机遇，推动自身实现更高质量的发展。有些主体在引领时代潮流、创造时代标杆的过程中，为高质量发展提供了最有力的支撑，主动担当和示范引领成为推动高质量发展的重要动力。随着国家战略的深入实施和地方各主体实践的不断探索，主动融入服务国家战略的高质量发展之路将越走越宽广。

3. 相关建议

首先，要做好顶层设计，使制定的规划和政策体现时代性、把握规律性、富于创造性。各主体融入国家战略要具备全局视野，紧跟时代步伐，深刻认识新发展阶段的时代特征，精准把握中国式现代化的核心要义，准确把握国家的战略意图和重点任务，深刻理解国家在经济发展、产业升级、科技创新等方面的战略布局，结合自身实际，找准定位，积极投入。

其次，在高质量发展过程中，鼓励敢为人先、大胆探索，注重发挥典型案例和标杆的示范引领作用。面对高质量发展中的困难和挑战，鼓励迎难而上，勇于攻坚克难，以钉钉子精神一项一项抓落实。鼓励创新思维，积极探索解决难题的新思路、新方法，为高质量发展开辟新路径。鼓励主动挑重担、啃硬骨头，敢于创造时代标杆，扛起重大使命。

（二）以科技创新为引领，为高质量发展提供有力支撑

1. 实践探索

江苏省产业技术研究院历经 10 年持续改革创新，面向全球竞争，打造高端创新团队，深度融入全球科技创新网络，着力聚焦新一代信息技术、人工智能、生命科学、绿色能源等前沿技术和脑机融合、光子芯片等全球先导性、颠覆性技术博弈主战场，着力抢收新时代"科技红利"，积极打造国之利器，逐步成为有国际吸引力的技术创新高地，成为江苏乃至长三角地区促进新质生产力发展的生力军，基本形成第三代半导体产业链关键核心技术全球领先优势，勇当我国科技自立自强开路先锋，切实担当好国家科技创新格局中第一方阵重要使命。

中国信科始终坚持自主创新，加快打造原创技术策源地，始终将科技创新"置顶"，创新引领带来重点领域技术攻关的捷报频传。在长期的国际技术路线竞争中，中国信科不仅形成了关键技术突破能力，还形成了系统设计标准体制的创新能力，为产业结构调整转型升级和抢占国际技术制高点提供了有力支撑。历时 10 多年，经过中国信科和产业界共同推动，蜂窝车联网标准成为全球唯一事实标准，技术标准、产品创新、产业化推进等各个方面日趋成熟，我国车联网产业进入快速发展新阶段。

2. 主要启示

科技创新是高质量发展最主要的特征之一，是发展新质生产力的

核心要素，是促进生产力持续迭代的核心引擎，必须聚力突破前沿性、颠覆性先进技术，切实掌控关键核心技术话语权。发展新质生产力关键在于"从0到1"的创新支撑。只有重视基础研究，努力创造更多"从0到1"的原创性成果，才有可能实现"从1到10""从10到100"的颠覆性产业技术突破，不断培育和发展新质生产力。

当前，新一轮科技革命和产业变革深入发展，国际科技竞争向基础前沿前移，基础研究转化周期明显缩短，学科交叉融合不断推进，科学研究范式发生深刻变革，应对国际科技竞争、实现高水平科技自立自强，推动构建新发展格局、实现高质量发展，迫切需要加强基础研究，从源头和底层解决关键技术问题。

3. 相关建议

大力推进高水平科技自立自强，发展新质生产力。一方面，健全社会主义市场经济条件下新型举国体制，弘扬科学家精神，加大基础研究投入，强化国家战略科技力量，推进国家实验室高质量建设运行，强化高水平自主技术要素供给，推进新一代信息技术、生物技术、新能源、新材料等领域的关键核心技术攻关工程，突破关键共性技术、前沿引领技术，前瞻谋划类脑智能、量子信息、基因技术、未来网络、深海空天开发、氢能与储能等领域，开辟未来产业新赛道。更加主动融入全球创新网络，集聚全球创新资源，加快提高我国科技创新能力。

另一方面，让企业真正成为创新主体，强化企业科技创新主体地位。加强企业主导的产学研深度融合，让人才、资金等各类创新要素向企业聚集，发扬企业家精神和工匠精神，优化配置创新资源，推动创新链、产业链、资金链、人才链深度融合，发挥科技型骨干企业引领支撑作用，营造有利于科技型中小企业成长的良好环境。加强国际科技合作，支持外资科技企业与国内科研机构或企业共同开展科技攻关，深入实施"一带一路"科技创新行动计划。

（三）推进现代化产业体系建设，筑牢高质量发展根基

1. 实践探索

昆山走在前列的坚实根基，最突出的就是引领产业发展。昆山始终把发展作为第一要务，矢志不渝坚持制造业立市和产业强市，坚定不移推进科技创新与产业升级深度融合，不断做大做强实体经济、夯实物质基础，形成全球规模最大的电子信息产业集群，创造超万亿元级的工业产值。

同在长三角的松江则着力推动科创与产业深度跨区域协同和深度融合，围绕发展新质生产力布局产业链，推进战略性新兴产业集群发展，是松江创新驱动发展的重要路径。超前布局 AI 大模型、工业互联网、卫星互联网、算力、新型储能等新领域新赛道，积极探索建立研发、中试、量产等环节高效衔接的科创产业融合发展体系。

广东省交通集团抢抓新一轮科技革命和产业变革机遇，应用新一代数字技术，构建高精度数字底图和"数字大脑"新质生产力，构建云图一体的数字孪生公路体系，赋能智慧高速场景建设，打造广东高速出行服务新体验，推进交通运输行业数字化转型发展，运用新技术、新业态引导传统的交通运输行业向更深层次、更广泛领域的信息化、智能化迈进。

2. 主要启示

现代化产业体系是现代化国家的物质技术基础，通过技术的革命性变革，推动战略性新兴产业、未来产业发展，形成新动能，建立完整且有韧性的产业链、供应链，对国家经济安全至关重要。

对一个地区来说，经济结构优化升级是高质量发展的主要标志之

一，推动产业结构优化升级已经成为提升区域竞争力的关键举措。值得关注的是，各地发展新质生产力不能忽视、抛弃传统产业，传统产业同样蕴含新质生产力，要注重用新技术改造提升传统产业，加快向高端化、智能化、绿色化转型。同时，也要注重提升传统产业的全要素生产率，能够提高全要素生产率的增速，也是形成新质生产力的重要组成部分。

3. 相关建议

以科技创新推动产业创新，加快建设现代化产业体系。一是及时将科技创新成果应用到具体产业和产业链上，围绕发展新质生产力布局产业链，积极推动新技术对生产力的直接贡献。

二是系统统筹建设现代化的工业、农业、服务业，坚持三次产业融合发展，避免割裂对立。加强先进制造业和现代服务业融合，推动制造业、农业、服务业数字化、网络化、智能化转型。加快发展数字经济，促进数字经济和实体经济深度融合，打造具有国际竞争力的数字产业集群。

三是尤其要以实体经济为重，防止脱实向虚，把发展经济的着力点放在实体经济上，推进新型工业化。统筹推进传统产业改造升级，落实好制造业核心竞争力提升行动、技术改造升级工程；巩固优势产业领先地位，提升战略性资源供应保障能力；加快培育壮大新一代信息技术、人工智能、生物技术、新能源、新材料、高端装备等新兴产业；有序布局未来产业，开辟量子技术、生命科学等新赛道，开展"人工智能+"行动。要统筹产业发展和产业安全，统筹开放发展和经济安全，在推进新型工业化过程中积极探索开放经济条件下提升国家产业安全水平的有效路径。

（四）以绿色低碳转型新实践，夯实高质量发展基础

1. 实践探索

昆山的发展较早遇到资源环境能耗等约束难题，最先开启绿色转型深刻探索。昆山以促进人与自然和谐共生为标杆，大力实施减量发展策略，不断提高单位面积产出的"含金量"和"含绿量"，实现精心规划、精致建设、精细管理、精明增长、精益涵养，人居环境和生态质量持续改善，绿色低碳发展成为转型发展的关键支撑。

作为中央企业，中国大唐的使命是提供绿色能源、点亮美好生活；企业愿景是打造绿色低碳、多能互补、高效协同、数字智慧的世界一流能源供应商，成为美丽中国建设的领军企业。立足能源多元供给保安全，把促进产业绿色低碳转型放在更加突出的位置，大力推进煤炭清洁高效利用、发展新能源及可再生能源、加快推进新能源建设投产，深入推进传统产业转型升级，坚定不移发展战略性新兴产业，着力加强储能、氢能、综合智慧能源等新产业的开发布局，积极推进从传统电力企业向绿色低碳能源企业转型。

2. 主要启示

保护生态环境、实现绿色发展是高质量发展的应有之义，是我国经济高质量发展的关键所在。党的十八大以来，我国坚持绿水青山就是金山银山的发展理念，深入打好污染防治攻坚战，推动发展方式绿色转型，有的地区起步早，有的地区起步晚，但是贯彻绿色发展理念，走绿色发展之路，是调整经济结构、转变发展方式的必然选择。

此外，实现碳达峰碳中和是一场广泛而深刻的经济社会系统性变革，尤其要抓住能源资源这个重点领域。立足我国能源资源禀赋，坚持先立后破，有计划分步骤实施碳达峰行动。在实现 2030 年前碳达峰

和 2060 年前碳中和目标的过程中，推动绿色低碳产业发展，既可以形成新的经济增长点，为我国的高质量发展提供新动能，还可以推动传统产业向更环保、更高效的方向升级，提升整个经济体系的竞争力和可持续性。绿色低碳转型不仅是应对全球气候变化的关键，也是提高生活质量和经济竞争力的重要途径，通过政府、企业和社会的共同努力，迎接转型过程中的挑战，抓住机遇，实现可持续发展。

3. 相关建议

加快绿色低碳转型，深入推进生态文明建设和绿色低碳发展。一是积极稳妥推进碳达峰碳中和。立足以煤为主的基本国情，坚持先立后破，加强煤炭清洁高效利用，发挥好煤炭和煤电的兜底保障作用。深入推进能源革命，建立与完善强制性机制和市场化机制协同发力的绿色低碳发展制度体系，加快构建新型电力系统，推动建设清洁低碳安全高效的新型能源体系。围绕碳达峰、碳中和目标，提升碳排放统计核算核查能力，积极探索从"能耗双控"向"碳排放双控"转变的管理体制。

二是加快打造绿色低碳产业链供应链，加快绿色科技创新和先进绿色技术推广应用，做强绿色制造业，发展绿色服务业，壮大绿色能源产业，构建绿色低碳循环经济体系。持续优化支持绿色低碳发展的经济政策工具箱，健全促进产业绿色低碳转型的科技研发、金融服务、市场交易、产品认证等政策机制，为绿色低碳产业链供应链的发展提供全方位的支持和保障。

三是形成绿色低碳生产方式和生活方式。生产生活方式的绿色化转型是全球性趋势，是一个长期的过程，也是全球各国共同面临的艰巨任务。要在全社会大力倡导绿色健康生活方式，让绿色发展理念深入人心，融入消费习惯和日常生活中。

（五）以深化改革扩大开放，增强高质量发展内生动力

1. 实践探索

昆山汇聚新动能、赢得主动权、增创新优势的制胜密码是改革开放。昆山以不足全国万分之一的土地，贡献全国 4‰ 的 GDP，集聚全国 1% 的到账外资，创造全国 2% 的进出口。城镇密度、产业密度和人口密度空前增加，同时也带来产强城弱、人增地紧、要素制约趋紧等压力。新时代以来，昆山在全国同类城市中，承担国家和省重点改革事项最多，建成各类高端前沿开放载体最多，打造科创平台和高新技术企业最多，集聚高端团队和国家重大人才工程专家最多，同时作为大陆台商投资最活跃、台资企业最密集、两岸经贸文化交流最频繁的地区之一，昆山持续推进深层次集成改革与高水平对外开放互促并进，持续深化市场化改革和高水平开放，着力推动体制机制创新，精心打造市场化、法治化、国际化一流营商环境，不断塑造双循环竞争与合作优势，增创更多更强新动能。

松江的转型发展更加离不开改革。松江在土地等资源紧约束下，通过深入推进供给侧结构性改革，以土地资源利用方式转变，向规划要品质、向存量要空间、向科创要动力，向质量要效益，提高全要素生产率。还通过制度创新打破行政区划制约，以生产方式的优化组合形成 G60 新质生产力，从没有人走过的地方开辟出发展新路。

对外开放方面，佳木斯作为我国对俄开放的重要前沿城市和对俄开放口岸最多的地区，依靠良好的边境口岸优势，极大地促进了与东北亚其他国家的合作发展。佳木斯全力推动"中国牙城"建设，全力打造远东第一口腔医院品牌，更好地满足俄罗斯对优质牙科医疗资源的需求，真正服务向北开放战略。柳州依托广西作为"一带一路"有机衔接的重要门户定位，聚焦东南亚市场，并向《区域全面经济伙伴

关系协定》国家及"一带一路"沿线国家和地区拓展，扩大螺蛳粉生态产品走出去的深度和广度。

2. 主要启示

新时代以来，以习近平同志为核心的党中央以前所未有的决心和力度，义无反顾地把改革开放向前推进，将全面深化改革的发展实践成功转化为现实的生产力。东部地区由于其地理位置和历史条件等优势，较早地参与了国际经济合作和交流，取得了显著的改革开放成果。中西部地区也在逐步推进改革开放的过程中，积极融入国家发展战略，正在实现经济的跨越式发展。不同地区在改革的时间、程度和效果上存在差异，但改革开放作为中国经济社会发展必由之路的地位是不可动摇的。

同时，开放也是改革，改革与开放是内在统一的。过去 40 多年中国经济发展是在开放条件下取得的，未来中国经济实现高质量发展也必须在更加开放条件下进行。改革开放只有进行时，没有完成时。当前和今后一个时期，是以中国式现代化全面推进强国建设、民族复兴伟业的关键时期，要把全面深化改革作为推进中国式现代化的根本动力，坚持以扩大开放促进深化改革、以深化改革促进扩大开放，为经济发展不断拓展新空间，加快形成更大范围、更宽领域、更深层次的对外开放格局。

3. 相关建议

深化重点领域改革，为培育和发展新质生产力提供制度保障。党中央明确提出紧紧围绕推进中国式现代化进一步全面深化改革，全面深化改革总目标是完善和发展中国特色社会主义制度、推进国家治理体系和治理能力现代化。全面深化改革要抓住推进中国式现代化需要解决的重大体制机制问题、深层次矛盾和问题，涉及经济社会发展各领域，要坚持"两个毫不动摇"，不断完善社会主义基本经济制度。

首先，要不断完善落实"两个毫不动摇"的体制机制，充分释放各类经济主体的创新活力，加快全国统一大市场建设，提高资源配置效率。公有制为主体、多种所有制经济共同发展是我国现代化建设的重要优势。国有企业拥有雄厚的创新资源，要深入实施国有企业改革深化提升行动，激发创新动力，增强核心功能、提高核心竞争力，坚持分类改革方向，进一步健全以管资本为主的国有资产监管体制和完善中国特色国有企业现代公司治理，以市场化的方式进行战略性重组和专业化整合，推进国有经济布局优化和结构调整，打造一批创新型国有企业。民营企业是社会主义市场经济的重要组成部分，要在市场准入、要素获取、公平执法、权益保护等方面落实一批举措，优化民营企业发展环境，增强民营企业信心，促进民营企业发展壮大。中小企业量多面广，特别是"专精特新"的中小企业，对就业、发展、创新等多方面具有重要意义，要持续改善创业环境，深化创投基金、资本市场、市场环境等相关领域的改革，培育更多开辟新领域、制胜新赛道的"专精特新"企业。

其次，扩大高水平对外开放，形成开放与改革相互促进的新格局。一方面，巩固外贸外资基本盘，加快培育外贸新动能。在对外贸易方面，加快建设贸易强国，深度参与全球产业分工和合作，拓展中间品贸易、服务贸易、数字贸易、跨境电商贸易。在区域开放方面，巩固东部沿海地区开放先导地位，提高中西部和东北地区开放水平，加快建设西部陆海新通道，优化区域开放布局。另一方面，稳步推进规则、规制、管理、标准等制度型开放。既通过引进国际高端生产要素，推进国内相关重点领域的改革深化，又通过推进深层次改革，以国内大循环吸引全球资源要素。进一步完善社会主义市场经济体制，发挥我国超大规模市场优势，利用我国强大生产能力优势，进一步增强国内国际两个市场、两种资源联动效应，为经济高质量发展不断拓展新空间。

（六）因地制宜激发活力，拓宽高质量发展空间

1. 实践探索

松江深入分析自己的区位优势，坚持区域协同发力，打破区域、部门行政壁垒，由点及面。长三角 G60 科创走廊从最初松江 40 公里高速公路到连通嘉杭再到九城共建，成为推进长三角一体化高质量发展的重要实践区，走廊沿线形成了长三角区域发展活力最大、开放程度最高、创新能力最强的城市群。

地处黑龙江东部的佳木斯审时度势，充分利用佳木斯口腔医疗产业发展历史悠久的优势，充分分析本地口腔高等医学院校、口腔医疗服务、口腔医学科研成果、义齿加工制造等现状，发挥区位交通、历史人文资源、对俄开放条件等优势，打造"牙"生产、消费、服务全链条，集中要素资源打造集生产、制造、医疗、护理、康复、疗养等功能于一体的牙产业链，积极建设以相关领域新质生产力为支撑的"佳木斯·中国牙城"。这对佳木斯发挥自身优势、创新发展模式、推进产业转型升级，在新一轮东北振兴中率先崛起，具有重要意义。

同样，随着螺蛳粉的走俏，柳州这座广西最大的工业城市顺势而为，加快推动柳州螺蛳粉产业化、规模化、标准化、品牌化发展，打通了原材料种植养殖、食品加工、销售及配套服务等全产业链，实现了从"小米粉"向"大产业"的跨越式转型发展。凭借小吃带来巨大的人流、物流、资金流，带动产业链不断延长，极大带动了当地的"文、旅、农、餐、食"行业，壮大了产业集群，实现了"一业旺，百

业旺"。

2. 主要启示

因地制宜，本质上就是坚持实事求是，一切从实际出发。我国国土空间十分广阔，区域间具有很强的异质性，促进区域协调发展并不是区域间"一样化"发展或者"均质化"发展，也不是不同区域在发展上实现"齐步走"，不能简单要求各地区在经济发展上达到同一水平，而是要遵循科技创新和产业发展规律，发挥比较优势，各扬所长，使区域发展与自身主体功能定位相匹配，与支撑中国式现代化建设的宏伟目标相适应。

比如发达地区的科研机构密集、人才数量多、科技实力雄厚，要聚焦国家战略需求，大力推进关键核心技术突破，提高原创性、颠覆性技术供给能力。其他地区要突出优势特色，把发展新质生产力的重点放在应用前沿技术和颠覆性技术改造提升传统产业上，使之脱胎换骨，焕发新活力。有选择地推动新产业、新模式、新动能发展，因地制宜发展新质生产力。

3. 相关建议

深入推动城乡融合、区域协调发展，不断提升发展的协调性平衡性。在区域协调发展方面，充分发挥各地区比较优势，按照主体功能定位，积极融入和服务构建新发展格局，走合理分工、优化发展的路子。要落实好区域重大战略，推进京津冀协同发展、长江经济带发展、粤港澳大湾区建设、长三角一体化发展，推动黄河流域生态保护和高质量发展，高标准、高质量建设雄安新区，推动成渝地区双城经济圈建设，增强高质量发展的重要动力源；建立健全区域协调发展体制机制，促进各类要素有序流动和利益合理分配；大力支持特殊类型地区发展，着力提升人民生活水平；着力推动重要功能区建设，保障国家粮食生态能源安全。

在推动城乡融合方面，要把推进新型城镇化和农业农村综合改革有机结合起来，促进各类要素双向流动，形成城乡融合发展新格局。要着力缩小城乡发展差距，深入推进以人为核心的新型城镇化，把农业转移人口市民化摆到突出位置，统筹推进户籍制度改革和城镇基本公共服务均等化，促进农业转移人口全面融入城市，实施城市更新行动，加强城市基础设施建设，打造宜居、韧性、智慧城市。在农业农村综合改革方面，以确保国家粮食安全、确保不发生规模性返贫为底线，以提升乡村产业发展水平、乡村建设水平、乡村治理水平为重点，加快建设农业强国，建设宜居宜业和美乡村。

（七）以共同富裕为根本追求，凸显高质量发展价值

1. 实践探索

作为高质量发展和中国式现代化的县域示范，昆山创造连续 19 年位居中国百强县市第一的历史丰碑，已经走出了一条以共同富裕为不懈追求的发展之路。昆山坚持以人民为中心的发展思想，坚持"人民城市人民建、人民城市为人民"，千方百计增进民生福祉，紧紧围绕就业、教育、医疗、养老、托幼、交通等百姓关切，把发展成果转化为人民福祉，既富口袋又富脑袋，让宜居宜业美好环境成为创新、创业、创投、创富的高地和福地。

能源电力供应事关经济平稳运行，也事关基本民生和社会稳定。中国大唐准确把握能源保供从攻坚战转向持久战的基本态势，不遗余力举全集团之力确保能源安全保供、确保人民群众温暖过冬。作为首都保电的"老兵"，中国大唐位于北京周边的 15 家发电企业承担首都一半以上电力供应的重任，形成了一套行之有效、具有大唐特色的保电保热工作体系。

在顺应数字消费发展的基础上，广东省交通集团围绕高速公路车的出行，牢牢把握人的服务和物的流转需求，按照"出行即服务"发展理念，全面整合粤通卡车主、客运、货运等资源，依托拥有的场站、线路、跨境运输等资源优势，创建代表集团新形象的"粤交出行"服务平台，为出行者提供智能便捷的出行服务体验，努力实现从满足人民群众出行基本需求到满足人民群众出行优质体验需求的转变。

2. 主要启示

更好地满足人民对美好生活的需要是高质量发展的根本目的。在奋进中国式现代化新征程中，必须把扎实推进共同富裕放在更加突出的位置，让现代化建设成果更多更公平地惠及全体人民，高质量发展必须以满足人民日益增长的美好生活需要为出发点和落脚点。党的十八大以来，党中央坚持把让老百姓过上好日子作为经济工作的出发点和落脚点，着力解决好人民群众急难愁盼问题，推动实现全体人民共同富裕，人民群众获得感、幸福感、安全感更加充实、更有保障、更可持续。

以人民利益出发谋划改革与发展的思路、制定改革与发展的举措，更具含金量，成效最终更禁得住检验，为接下来更全面深入的改革与发展汇聚起更加深沉而磅礴的力量。同时，时代在发展，人民群众的需求也在不断变化，人民群众对美好生活的需要也是经济增长的源泉。

3. 相关建议

更加注重促进公平，切实保障和改善民生。首先，解决群众最关心、最直接、最现实的利益问题，深入推进就业、教育、收入分配、医药卫生、社会保障、养老托幼、公共文化、基层治理等民生领域改革，在幼有所育、学有所教、劳有所得、病有所医、老有所养、住有所居、弱有所扶上持续用力，注重总结推广已经取得成效的农村综合改革、"最多跑一次"、新时代"枫桥经验"、河长制、林长制等基层经验。完善初次分配、再分配、第三次分配协调配套的制度体系，扩大中等收入群体，探索多种渠道增加中低收入群体要素收入，多渠道增加城镇居民财产性收入。

其次，要尊重和鼓励人民群众的首创精神。树牢群众观点，坚持走群众路线，积极鼓励人民群众大胆探索、先行先试，广泛支持人民群众创新创造，调动人民群众的积极性、主动性、创造性，充分激发蕴藏在人民群众中的创造伟力，在人民群众的创造性实践和需求中寻求应对风险挑战的办法和途径，寻求不断开创高质量发展事业新局面的潜力、智慧和力量。

最后，推动高质量发展，必须坚持和加强党的全面领导，坚定不移全面从严治党，必须深刻领悟"两个确立"的决定性意义，增强"四个意识"，坚定"四个自信"，做到"两个维护"，不断提高推动高质量发展的能力和水平，加快发展新质生产力，奋力谱写全面建设社会主义现代化国家、全面推进中华民族伟大复兴的崭新篇章。

参 考 文 献

［1］王一鸣.发展新质生产力是推动高质量发展的内在要求和重要着力点［N］.人民日报，2024-05-09（9）.

［2］沈开艳.高质量发展是体现新发展理念的发展［N］.人民日报，2024-05-07（9）.

［3］周文.高质量发展需要新的生产力理论来指导［J］.党建，2024（5）.

［4］张来明.聚焦推动高质量发展 加快发展新质生产力［J］.求是，2024（5）.

［5］进一步形成大保护大开放高质量发展新格局 奋力谱写西部大开发新篇章［N］.人民日报，2024-04-24（1）.

［6］信长星.以高水平安全保障高质量发展［J］.求是，2024（4）.

［7］因地制宜发展新质生产力［N］.人民日报，2024-03-06（1）.

［8］蓝佛安.坚定信心 真抓实干 扎实实施积极的财政政策［J］.求是，2024（3）.

［9］李彬.深刻理解高质量发展［EB/OL］.光明网，2024-03-08.

［10］加快发展新质生产力 扎实推进高质量发展［N］.人民日报，2024-02-02.

［11］习近平经济思想研究中心.高质量发展的体系化阐释［J］.北京行政学院学报，2024（2）.

［12］王文章.新时代以高水平安全保障高质量发展的深刻内涵［J］.国家治理，2024（2）.

［13］新华社评论员.推动新质生产力加快发展［EB/OL］.中国政府网，2024-02-02.

［14］坚定不移走中国特色金融发展之路 推动我国金融高质量发展［N］.人民日报，2024-01-17（1）.

［15］隆国强.深化重点领域改革，促进高质量发展［J］.经济研究，2024（1）.

［16］任理轩.必须把坚持高质量发展作为新时代的硬道理［N］.人民日报，2024-01-08（9）.

［17］杨旭，刘志强，蒋雪婕.宏观政策有力支撑高质量发展［N］.人民日报，2024-01-27（1）.

［18］赵昌文.必须坚持高质量发展和高水平安全良性互动［N］.人民日报，2024-01-18（9）.

［19］中共国家发展和改革委员会党组.深入学习贯彻中央经济工作会议精神 狠抓落实推动高质量发展［J］.求是，2024（1）.

［20］蒋熙辉.统筹高质量发展和高水平安全［N］.人民日报，2024-01-09（9）.

［21］林毅夫，等.新质生产力［M］.北京：中信出版集团，2024.

［22］王小蕾，黎海华.中国式现代化与高质量发展理论研讨会综述［J］.求是，2023（11）.

［23］王丹，王云娜，巨云鹏，等.进一步推动长江经济带高质量发展更好支撑和服务中国式现代化［N］.人民日报，2023-10-15（1）.

［24］中共国家发展改革委党组.深刻把握六方面重大关系的实践要求 以高质量发展推动中国式现代化［J］.求是，2023（10）.

［25］尹艳林.切实推动高质量发展：经验、要求与任务［J］.经济研究，2023（10）.

［26］黄群慧.把高质量发展的要求贯穿新型工业化全过程［J］.求是，2023（10）.

［27］吴秋余，赵展慧，刘诗瑶.用全面、辩证、长远的眼光看待中国经济发展　以新作为推动高质量发展取得新成效［N］.人民日报，2023-09-30（1）.

［28］陈沸宇，孟海鹰，祝大伟，等.努力走出一条高质量发展、可持续振兴的新路子［N］.人民日报，2023-09-12（1）.

［29］李心萍.突出科技自强　增强核心功能　提高企业竞争力　中央企业阔步迈向高质量发展［N］.人民日报，2023-08-21（1）+（4）.

［30］何聪，姚雪青.江苏在高质量发展上继续走在前列［N］.人民日报，2023-03-17（1）.

［31］王浩，齐志明，葛孟超，等.加快建设现代化产业体系［N］.人民日报，2023-03-08（11）.

［32］冯烽.国家级新区和开发区高质量发展研究［M］.北京：中国社会科学出版社，2022.